〈手づくね技法〉のすべて

陶芸の文房具

文鎮・筆架・陶硯・水滴・筆筒・印泥入・陶印

林 和一

日貿出版社

【序文】

文房具は、硯《すずり》、筆、紙、墨の文房四宝をはじめとして、水滴《すいてき》、筆架《ひっか》、筆筒《ひっとう》、文鎮《ぶんちん》、印泥《いんでい》入《いれ》、印《いん》など多岐に渡り、その形状も独特なものとなっている。

書や水墨画を制作する事は、時代的なスピードの早い現代にとっては、ゆっくりとした伝統の流れや、芸術文化の中に入って、墨色の持つ雰囲気や技法を知る事に他ならない。それだけに、書描道具としての文房具は、文人墨客が長い年月をかけて精練した実用性と、人間的な暖かみのある鑑賞作品としての、使い方や見方がとられている。造作や色彩にも精緻を極めるものも多く、美術品としての声望も高い。

書画人にとって、実際に筆を取っての作業は、そう長く続くものではない。むしろ、作品に対する思索的な創造面の方がより慎重に行なわれる。そうした時間の合い間には、一寸でも、回りにある文房具の美しさに目を引かれる事は少なくないだろう。手に取れば、立体的な感触や心地よい重さから、画室の空気もなごんでゆく。

文房具は、道具としての機能と美術的な品格を持ち合わせて、はじめて机上の文具になり、画室の中では別世界的な仙境空間を作り出している。

本書で解説する陶芸技法の手づくね（手捏ね）は、そのほとんどを手だけで行うが、作品の雅趣やオリジナル性は、この技法に勝るものはない。

著者　二〇〇二年五月

陶芸の文房具

【目次】

序文　3

【第一章　制作の前に】

陶磁器文房具と手づくねについて　8

基礎知識❶　土について　12

基礎知識❷　絵付、釉薬について　14

基礎知識❸　焼成について　16

【第二章　基本編】

1　技法について　18

2　道具について　20

【1　主な道具】

【2　基本的な道具の作り方】

3　手づくねの実際　26

【第三章　実技編】

一、文鎮
龍形鈕文鎮　34
文鎮の参考図案　39　文鎮の参考作品　40

二、筆架
糸瓜形筆架（単架）　42
仙山形筆架（二本筆架）　45
筆架の参考図案　49　筆架の参考作品　50

三、陶硯
彫瓜文陶硯　52
陶硯の参考図案　57　陶硯の参考作品　58

四、水滴
丸形水滴（把手付）　60
角形水滴　68
水滴の参考図案　75　水滴の参考作品　76

五、筆筒
葡萄透彫文筆筒　80
筆筒の参考図案　89　筆筒の参考作品　90

六、印泥入
椿彫文印泥入　92
印泥入の参考図案　99　印泥入の参考作品　100

七、陶印
陶印「一塵」　102
陶印の参考図案　105　陶印の参考作品　106　印面の参考作品　107

あとがき　110

染付による文房具

織部、赤絵などによる文房具

第一章

制作の前に

【陶磁器文房具と手づくねについて】

現代では、文房具の範囲は、墨や筆の書画用の他、鉛筆、ノート、帳面から、電卓、パソコンなどの電気製品まで広がり、種類も事務用、デザイン用、日常生活用にと、いろいろな分野で活用されている。まさに現代社会の象徴的な道具となっているが、元々の文房具本来の姿はどうだったのだろうか。

「文房具」。この三文字だけ見ると、「文」は文章や書物、学問を指し、「房」は部屋や家、「具」は道具や、それを用意する事を表す。ひとくちに言えば、文人が読み書きのために、部屋の中に備える書斎の道具となる。

古《いにしえ》の文人の書斎、たとえばそのような部屋を思いめぐらすと、棚には本が積まれ、壁には書画が掛けてあり、机上には執筆のための道具が整えられている。この書斎で新しい知識や思考を得て、文章を書き、たまには絵も描く、と言った生活が見えてくるが、こうした書斎や画室で、紙に筆を走らせ、自分の考えを伝える書描具類、硯、筆、墨、紙などを文房具と言っている。

この文房具は文人墨客にとっては、日常的に関わり、使用されるものであるから、道具以上に大切にされ、新しい文房具を求める場合も、ひとしお興を添えた品物を選んだものと思われる。

ひとくちに文房具と言っても、陶磁器の他、石*、木、竹、金属*、骨*などがあり、その特徴を生かして作られている。材質が異なっても画室や書斎での使い方や置き方がほぼ同じであるために、どれも形状、大きさ、重量

がよく似たものとなっている。
陶磁器は、他の材料に比べて自由な成形が可能な事と、用途別に見た文房具の使用目的にもよく対応する素材として、古くから多くの種類や形が作られてきた。水に強く、硬質な美しさ、ガラス質の釉膜光沢*など、陶磁器文房具の魅力は、書画人の持ち物と限らず、美術愛好家の鑑賞や蒐集《しゅうしゅう》の対象ともなっている。

陶磁器成形の中で〈手づくね〉は、手と小道具でする最も基本的な技法だ。やり方は粘土で行う手びねり、ヒモ作りなどや、生硬土*の状態でする透かし彫り、浮き彫りなど、約9種類の技法がある。作業はこれらの技法を組み合わせて進める。手の動きひとつひとつが作品に重要な意味を持つ事も多く、手と道具の使い方をよく理解しなくてはならないが、全体の成形から本焼成までの工程は一般的な陶磁器技法と全く変わる所がない。

本書では左記の7種類の文房具を、実技を踏んで説明していきたい。

1 文鎮《ぶんちん》……紙の上に置いて、制作中に紙が動いたり踊ったりする事を防ぐ。鎮紙《ちんし》とも言う。
2 筆架《ひっか》……筆床、筆山、筆格などの名があり、筆の柄頭の部分を横に掛ける道具。
3 陶硯《とうけん》……陶磁器で作る硯。
4 水滴《すいてき》……硯の墨池《ぼくち》*に水を注ぐ道具。器体の美しさと、水の落ち具合に雅味を求める。
5 筆筒《ひっとう》……筆立のこと。文房具の中でも最も大きなもの。
6 印泥入《いんでいいれ》……印肉（朱肉）を入れる蓋物《ふたもの》*。
7 陶印《とういん》……陶磁器で作る印。

*石＝玉や水晶、貴石など。
*金属＝銅、鉄、錫《すず》など。
*骨＝象牙や角《つの》。
*釉膜光沢＝焼成後の釉薬膜が、光によって濡れた様に光る様子。
*生硬土＝粘土を半日くらい置いて硬くした土。
*墨池＝硯の墨を溜める所。
*蓋物＝フタのついている入れ物、器。

蟷螂瓜図

色絵、赤絵による文房具

【基礎知識❶══土について】

手づくねの土、文房具の土と言っても食器や壺を作る土と変わる所はなく、窯業《ようぎょう》地の製土店や、町で市販されている土を求めれば良いが、文房具には道具としての制約が、二、三ある事を知っておくと良い。

土には、大きく分けて陶器土と磁器土があり、土の吸収性の有無、土の粗さ、細かさなどで作りが変わってくる。とりわけ文房具の中でも、陶硯、水滴、印泥入、陶印の四点は、土の配合や性質に注意する（詳細は実技編の各項参照）。

1 陶硯……硯の摺面で墨を摺る時に、摺面にある鋒鋩《ほうぼう》*が硯の良し悪しを決めるため、土の作り方に注意をする。

2 水滴……水を入れて、常時、硯の近くに置くので、水のさす*水滴は使えない。土味《つちあじ》*や釉調《ゆうちょう》がいくら良くても、吸水性のある土は避けた方が良い。尚、形によって、水の出方が、注ぎ口から器体を伝って落ちるものも多いが、これは水がさす事とは違い、水滴の要素（条件）のひとつと考えたい。

3 印泥入……水滴と同じ様に、印肉に含まれる油分がさす事もあるので、吸水性のある土は避ける。

4 陶印……印表面がなめらかな方が、彫る時や、焼成後の印としての紙の吸いつきも良いので、石の混じった土*は避けた方が良い。

磁器土（右）と陶器土（左）
右／色絵虎文香合　縦6×横6×高5cm
左／白絵梅文香合　径8.5×高4cm

仕事場の様子

これらの事を除けば、他の文房具類は、土の性質が書画制作に影響する事はほとんどなく、技法に合った土、釉薬で文房具の制作を進めていく。

＊鋒鋩＝硯の摺面にあるごく細かい凹凸。指で触れるとすべすべしているが、少しひっかかる。

＊さす＝焼成後に水を入れた器から水が染《し》み出す事。漏水。

＊土味＝土の粗さ、細かさ、色具合を含めた土の風合、雰囲気。

＊石の混じった土＝粘土の中に石の混じった土（例えばシガラキ土）や、焼成後に表面に石の出て来る土。

● 作業の前に土を練る（成形土の大玉土＊を作る）

使用する土はよく練って、硬さを均一にして、空気をよくぬいて丸めておく。使う量は、作品にもよるが、半日分の制作で使う量を目安に作っておき、濡れタオルをかぶせて乾燥を防ぎ、使用する時はその中から取り出して使う。

土が硬すぎる場合は水を差して練るが、柔らかすぎる場合には、石膏板の上に乗せて、硬さを調節しても良い。又、石膏板の上で練ると硬くなるが、硬くなったら、もう一度、普通の板の上で練って土を均一にする。

＊大玉土＝手づくねをする前によく練って丸めた成形土。大玉。

1 土を練る（菊練り）。

2 石膏板の上で練る。

3 石膏板の上で硬くする。

【基礎知識❷ 絵付、釉薬について】

陶磁器制作で、絵付や施釉《せゆう》による加色は、作品に絵画的な平面効果や、品質の変化を与えて、より高い作品表現をする技法だ。

文房具にとっても、加色は、鑑賞性や機能性を高める重要な条件のひとつで、図柄や釉薬加色を施す事で、文房具の表情も、道具としての実用性と共に深まっていく。

絵付や施釉は、成形する土や、釉薬の種類で大きく変わってくるが、絵付に使う顔料は、呉須《ごす》、鉄、銅の下絵の具や、赤絵、金彩に使う上絵の具に分けられる。又、下絵の具顔料を本焼成用に調整して使用する技法もある。

施釉は、絵付や釉薬に合わせて作業を進める。文房具中、硯の摺面と印の表面は無釉（土みせ）なので注意してほしい（実技編・陶硯と陶印の項参照）。

尚、絵付や施釉方法については、拙著の『陶芸の絵付入門』『陶芸の絵付デザイン』（いずれも日貿出版社刊）を参考にして戴けたらと思う。

●絵付の仕事場

小品の多い文房具の絵付は、机上も整理して絵付しやすい状態にする。

机の上部には、これから絵付をする作品を置き、手前にはロクロ、下絵、その周囲には絵付台、絵の具類、筆などが並んでいる。

●絵付の実際

文房具の中には形が複雑な物もあるが、基本的な絵付は普通の作品と変わる所はない。この作品は実技編・水滴の項の完成作品を参考にしてほしい。

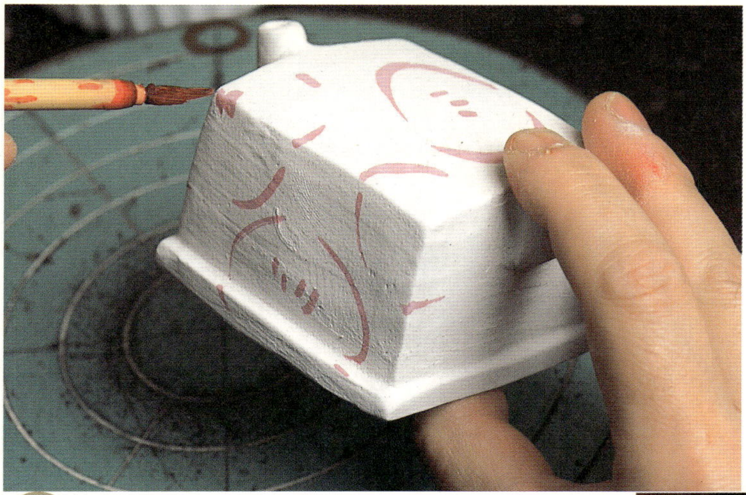

1 作品を手で持って、下描きや絵付をする。

2 ロクロや絵付台などを使って絵付をする。

3 細部に筆を入れて完成する。

素焼された作品

【基礎知識③――焼成について】

成形が終わって乾燥した作品は素焼をするが、文房具の硯や、文鎮の中には土の厚さが2cm以上になる作品も多い。このような厚い作品は、完全に乾燥しても、土中に水気が残る事もあり、はじめの〈焙《あぶ》り＊〉を3時間はした方が安全だ（ガス窯使用時）。又、厚い作品は、素焼時に〈さめ切れ＊〉が出る事がしばしばあるので、素焼をしないで、そのまま施釉して本焼成に持っていくのもひとつの方法だと思う。その場合も、必ず焙りは3時間以上は行う事が望ましい。焙りの後の本焼成は、いつも通りの作品に合った焚《た》き方で進めていく。

＊焙り＝窯焚きのはじめの方で、トビラを20度程開けて弱火で焚く方法で、作品の水分を飛ばして、水分による膨張破裂を防ぐ。
＊さめ切れ＝焼成後、窯が冷える時に作品が切れる（割れる）こと。

第二章

基本編

1 技法について

手づくねには主に9種類の技法がある。これらを組み合せて、ひとつの作品が作られていくが、技法の要点は次のようになる。

❶タタラおこし*［板おこし］

①タタラを作る。
②タタラの回りから両手でおこしていく。
③底面と直角ぐらいになるまでおこす。
④徐々に作品の形に広げていく。

*タタラ＝土を板状に伸したもの、あるいは切った土板。

❷玉取り［玉取りおこし］（水滴・60頁参照）

①土を丸く玉取り（大玉土から大づかみに手で取る事）する。
②中央部を窪ませながら碗状にする。
③土の厚さを均等にしながら碗の形にしていく。
④高台などをつけて完成。

❸手びねり［土をひねる］（筆架・42頁参照）

①作品より少し大きく、土取りをする。
②（例えば獅子鈕《つまみ》を作る場合）獅子の大きな形を作る。
③形が出来てきたら、耳、尾、目などの部品を作り取りつけてゆく。
④細かな細工や線彫りをして仕上げる。

❹ヒモ作り（筆筒・80頁参照）

①土ヒモを作る
②ロクロに底の土台を作り、ヒモをつけていく。
③作品になる高さまでヒモを積んでつけていく。
④口縁部や側面をならして完成。

❺型*おこし［型成形］（水滴・60頁参照）

①型の上にタタラをかぶせる（外型の場合）。
②型と土の間にすきまの出来ないように、よく型に土を張りつけていく。
③型を土からぬき取る。
④口縁部や側面を仕上げて完成。

*型＝型技法にはいくつかの種類があるが、ここでは基本的な手づくねでする型物を示す。

❻部品付け（文鎮・34頁参照）

①本体を作る。
②つける部品を作り、少し硬くする。
③本体と部品の接着面にノタを塗る。
④しっかりとつけて、ヘラで整える。

❼土塊彫り［土塊の刳貫《くりぬき》］（印泥入・92頁参照）

①作品の大きさの土塊を硬くする。
②水平に、半分に切り分ける。
③中身を、器の厚さ分だけ残してくりぬく。本体となるうちの、ひとつにはカツラ*を彫り出す。
④重ね合せて乾燥させる。

*カツラ＝本体と蓋とが重なる所で、内側に重なる凸の部分を言う。

❽浮き彫り［レリーフ］*（印泥入・92頁参照）

①土を硬くして、下描きをする。
②フチ回りや、角作りをして、文様の線入れをする。
③文様を彫刻刀などで彫り出していく。
④全体の文様が浮き出て（彫り出されて）完了。

*浮き彫り［レリーフ］＝土を盛り上げたり、削り取ったりして、半立体的に仕上げる技法。

❾透かし彫り*（筆筒・80頁参照）

①成形後、少し硬くして、下描きをする。
②文様の外側を、台形にくりぬく。
③彫りの外側と内側が水平になるようにぬき取る。
④彫り角を丸くしたり、浮き彫りなども加えて完了する。

*透かし彫り＝文様が作品の表面と裏面とが貫通するくりぬき技法。

❶ タタラおこし

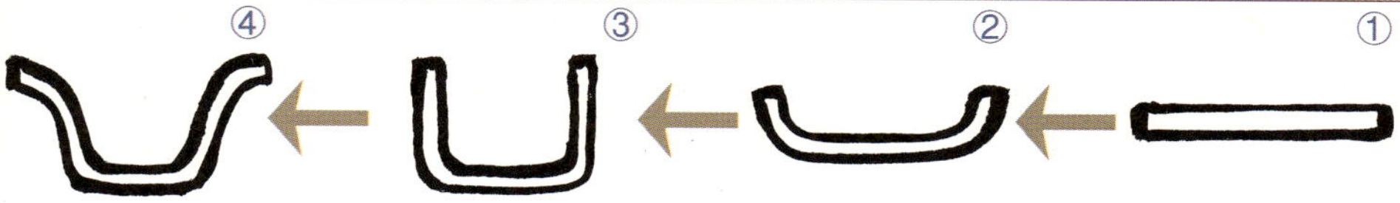

❷ 玉取り

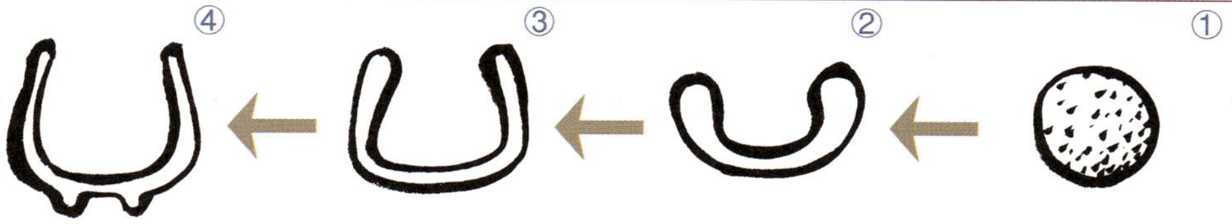

❸ 手びねり

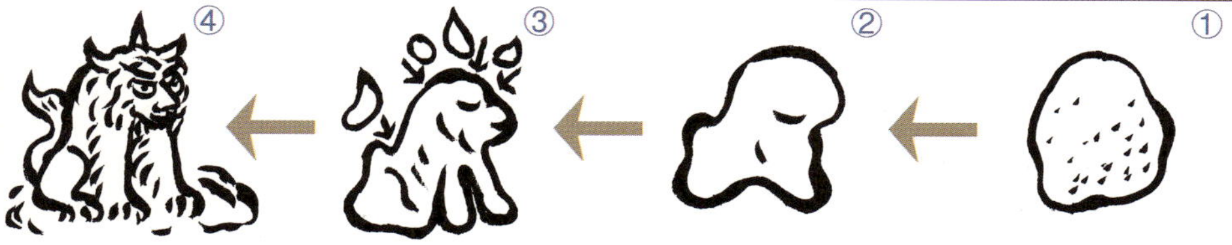

❹ ヒモ作り

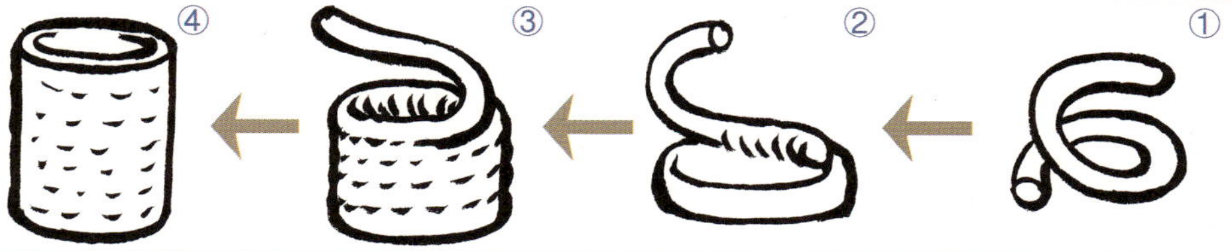

❺ 型おこし

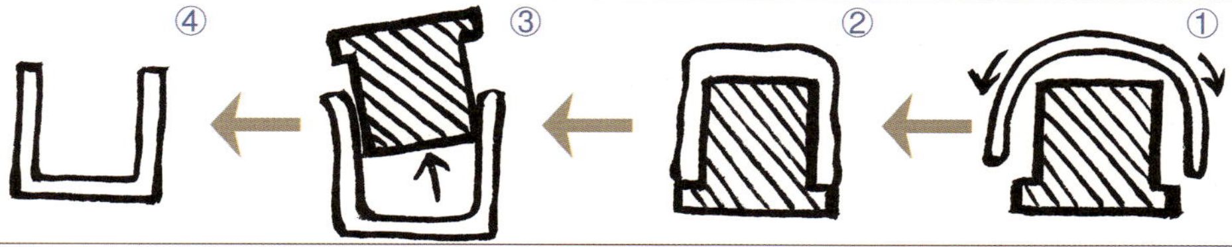

❻ 部品付け

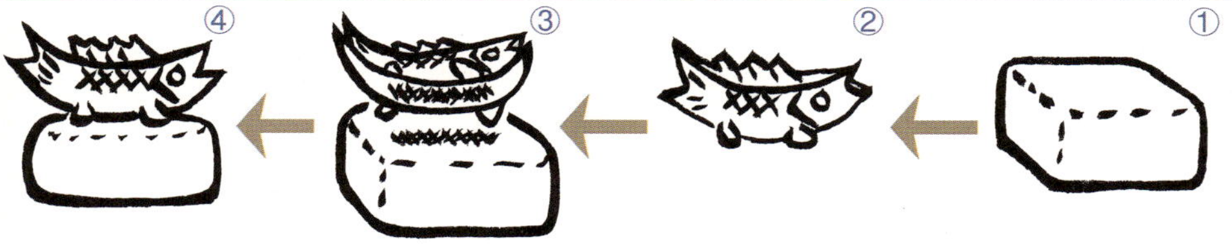

❼ 土塊彫り

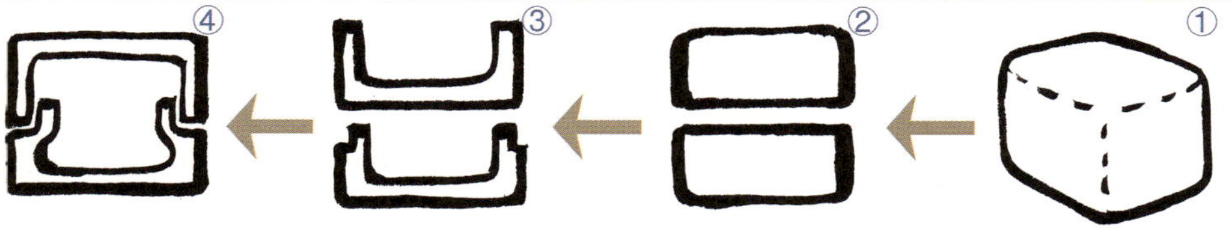

❽ 浮き彫り

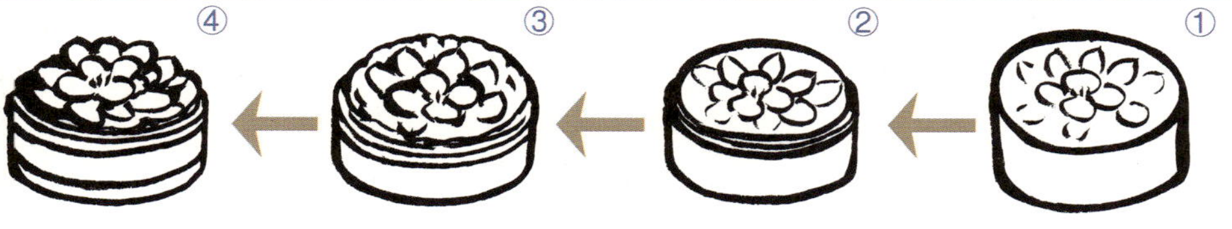

❾ 透かし彫り

2 道具について

良い道具、使いやすい道具を持つ事は、もうひとつの〈手〉が、その中にあると言っても過言ではない。

【1 主な道具】

使う道具は机上に並べられる程、小道具が多い。それぞれ使い方によって形や材質が違ってくるが、ロクロ、計量器など、三、四点の他は自前でも制作出来る道具なので、木や金属片などを利用して作ってみると良い。道具の大きさ、使い方の良否がよく理解出来る。道具作りも仕事の内と思ってほしい。

また、現在陶芸用の道具は陶芸材料店に行けば、ほとんどのものは手に入るが、市販の道具を求める時には、はじめから種類や本数を多く持つ事はなく、まず基本的な使い方をする形のものを選ぶのが良いと思う。

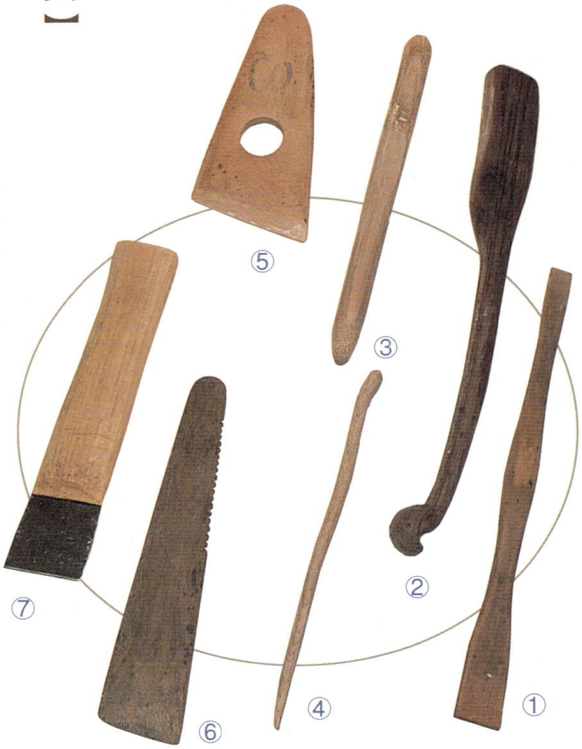

❶ヘラ（篦）

ヘラは、木*、竹、鉄板*などで出来ている。形は棒や板状になっていて、先の方は、丸くしたり、平らに尖らせたりする。主な作業は、土をならす、盛り上げる、掻き取る、ヘラ目をつける、へこませる時に使う。土が柔らかな状態に使う事が多い。

*木＝堅木、ツゲ、ツバキ、ビワ、ウメなど。
*鉄板＝0.5～1㎜くらいの厚さのもの。

①多用形ベラ、②柄コテベラ、③④棒ベラ、⑤⑥⑦平ベラ。

❷ナイフ［小刀］

金属で作り、切出し形、先の長い鶴嘴《つるはし》形などがあり、制作に合ったナイフを使う。刃は片刃か両刃につける。柄をつけると作業がしやすい。作業は、少し硬くなった土に使う事が多く、彫り取る、えぐる、削ったりする。透かし彫りや浮き彫り状の作品には不可欠な道具だ。

①刳貫《くりぬき》形、②鶴嘴《つるはし》形、③④錐《きり》形、⑤両刃形、⑥切り出し形、⑦平形。

❸カンナ（鉋）

成形後、土の表面・裏面のケバやバリ*を取ったり、角出し、削ぎ落しをする。柔らかい土の状態では、掻き取り、えぐり出しもする。刃は土に斜に当てて手前に引いて削る。カンナの刃は両刃につけて、先端は直角や丸形に加工して使いやすい形にする。

*ケバやバリ＝成形時に出た土の不要な突起物。

①削ぎ取り用ヘラカンナ（掻きカンナ）、②③④平面・ケバ取り用（L型）カンナ、⑤⑥曲面用カンナ。

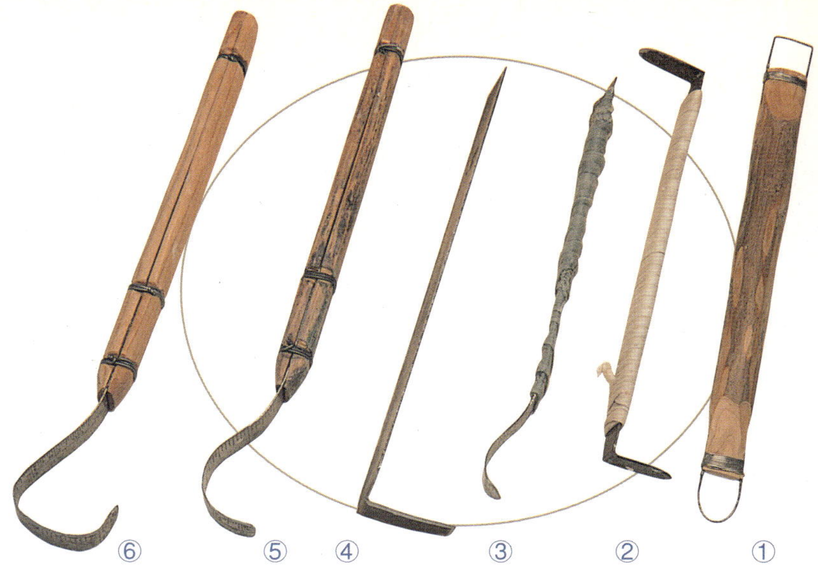

❹彫刻刀

木版画用の彫刻刀。主に、平刀、丸刀、三角刀を使う。使い方によっては効果的で便利な道具だが、使いすぎると、かえって単調になるので気をつけたい。作業は、木版画を彫る要領と同じと思えば良い。

①三角刀、②刳貫刀《くりぬき》（丸形）、③④⑤丸刀（大中小）、⑥相合刀《そうあい》*、⑦平刀。

*相合刀＝形は平刀だが刃の両隅が丸くなっているもの。

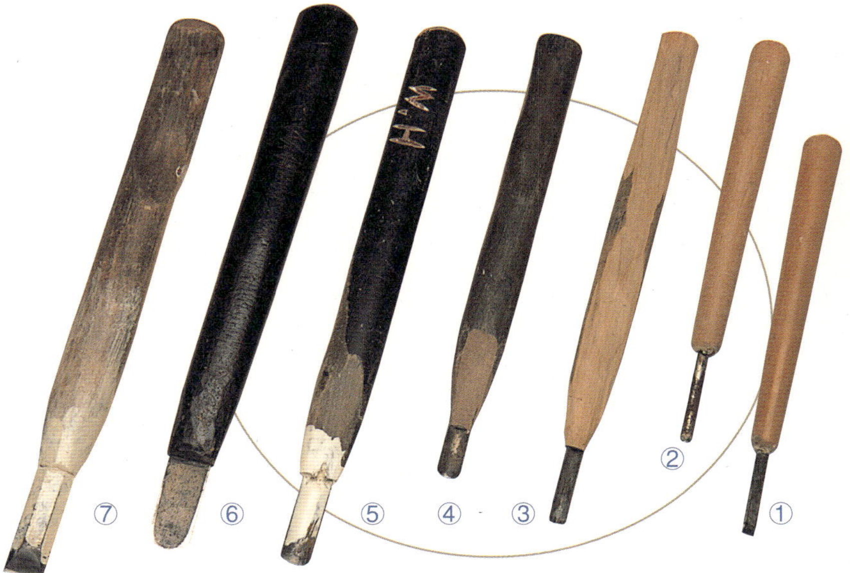

❺当てゴテとタタキ板

成形時に、土を締めたり大きな形の歪みを修正したりする道具で、型物、立ち物*、袋物*にはかかせない道具だ。作業は、たたく、はたく、ならすの他、コテを、たたく土の裏面に当てて、土を締めたり広げたりもする。

*立ち物＝主に筒形や壷類。
*袋物＝急須や土瓶類。

①②当てゴテ、③④⑤タタキ板。

❻定規 ［タタラ定規と収縮率定規］

タタラ定規は、同じ厚さの土を枚数作る時や、土の厚さを一定に切る時に使う。使い方は、土の両側に定規を立てて、定規の目盛りの切り込みを入れた箇所にピアノ線を張って、手前に引いて土を切るようにする（イラスト参照）。

収縮率定規は、焼物は粘土から完成までには、13〜15％程縮むので、実寸より縮む分だけ多くした収縮率定規を使うと便利だ。普通、陶器類は約13％、磁器類は15％を使う。

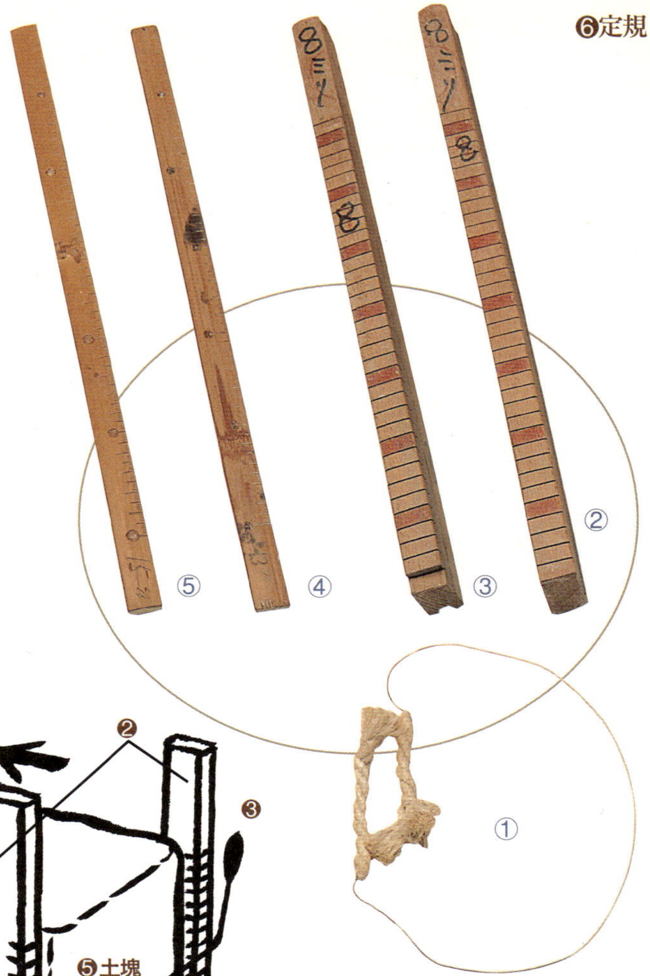

①ピアノ線（両手シッピキ）、②③タタラ定規、④収縮率定規（13％定規）、⑤収縮率定規（15％定規）。

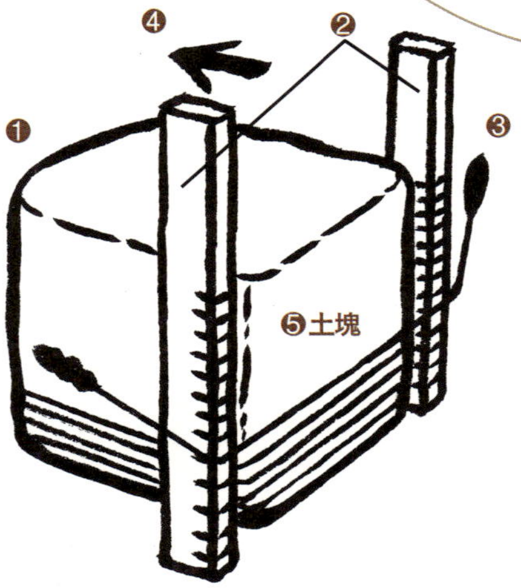

◎タタラ定規の使い方（タタラの切り方）

① こちら側に立って作業をする(タタラを切る)。

② タタラ定規を土の向う側へ2本立てる。定規の先を、少しかがんで両肩に軽く押しあてる。

③ 定規の目盛りにピアノ線をピンと張る。

④ 手前に定規とピアノ線を持ち、定規を机につけて水平に土の終わりまで引き、土塊を切る。

❼シッピキとなめし皮

シッピキは、土が柔らかな時に、切る、削ぎ落す、作品を土台から切り離すなどの作業をする時に使う。なめし皮は、鹿皮で出来ていて、水をつけて器や壷の口元を撫で、なめらかにする。糸底《いとぞこ》＊などはシッピキの糸切り目跡を残して作る。

＊糸底＝ロクロ成形で、シッピキで切り離した糸目跡をそのまま残した底。

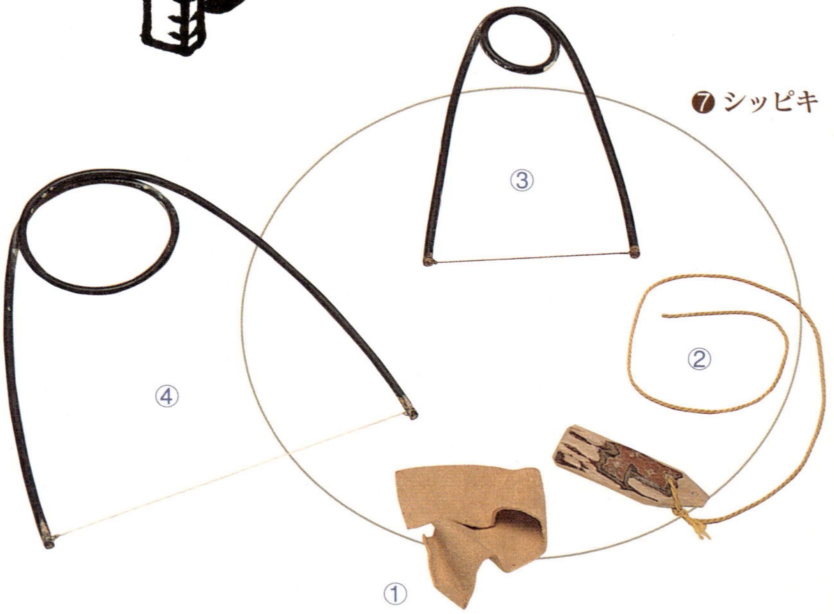

①なめし皮（鹿皮）、②シッピキ、③④弓形シッピキ。

⑧ 板

②

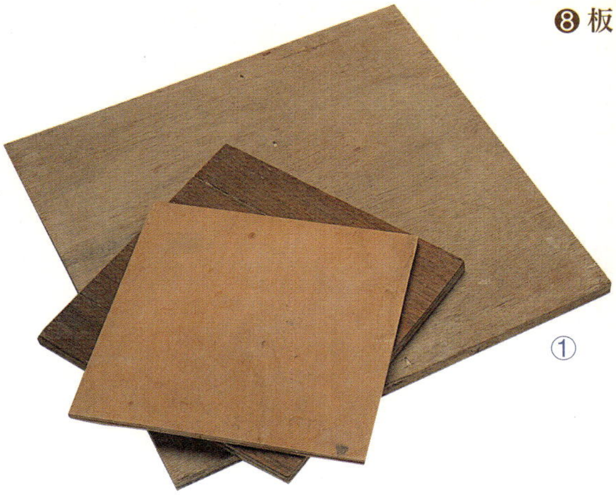

①

道具箱

⑨ 石膏板（大小）

⑩ ノタ

⑧ 板 ［角板とカメ板］

制作中の作品の土台や、乾燥の時に作品を乗せたりする板。大・小あると便利だ。カメ板は、板にゲタ足をつけたもの。

①角板（大小）、②カメ板

⑨ 石膏板（大小）

土が柔らかすぎたりする場合には、石膏板《せっこう》の上に置いたり、上で練って土の硬さを調節する。又、作品の底や、部品*などを早く硬くしたい場合に使用する。

*部品＝作品にノタを使って付ける時、小さな部品（足など）は少し硬くする。

⑩ ノタ

作品の部分付けとか、タタラの貼り合わせなどに使う、接着の役目をする泥。必ず作品と同質の土で作る。土と水を混ぜて、ケチャップくらいの柔らかさにする。

⓬ 計量器

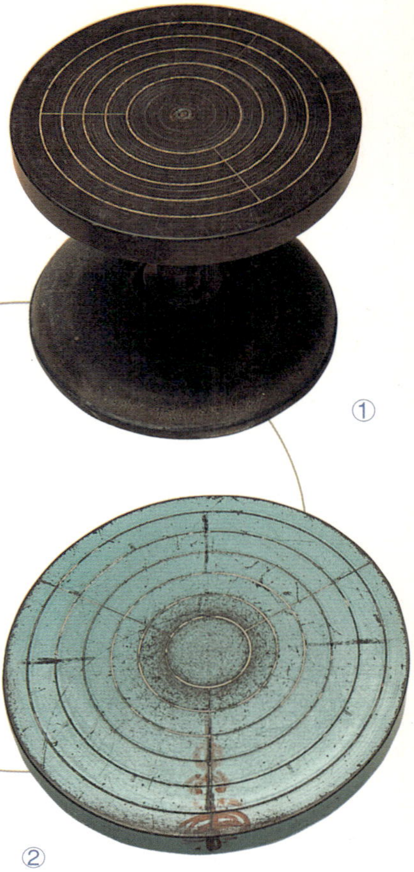

⓫ 手ロクロ

⓫ 手ロクロ

主に、立形は成形用、平形は絵付用に使う場合が多いが、机上では平形が使いやすい。

①立形（高さ約20cm）、②平形（高さ約5cm）

⓬ 計量器

10kg計りは主に土作りや釉薬計りとして使う。2kg計りは土の玉取り*や顔料*調合などに使用する。

*玉取り＝成形時に大玉（練った土塊）から土を取ったり、手で土を大づかみに取る事。

*顔料＝絵の具や彩色材料。

①2kg計り、②10kg計り

⓭ 型

手づくねの型には外型と内型がある。外型は本書のように、型の外側にタタラを張って作るやり方で、内型は凹形の型の内側に、粘土を張って貫き取る方法である。

型は、石膏や木で作る（写真はいずれも外型）。

打ち粉の長石粉末は、型やタタラにふりかけて、成形後に、土が型からはがれやすくする剥離粉*の役目をする（詳細は実技編・水滴・68頁参照）。

*剥離粉＝土ばなれを良くする粉。片栗粉なども利用できる。

①打ち粉（長石粉末）、②③木型、④⑤⑥石膏型。

⓭ 型

【2 基本的な道具の作り方】

ヘラ、カンナ、ナイフ（小刀）は、手づくね技法全般に使われる道具で、この形を基本にして使いやすい形や大きさに工夫して作っていく。材質は、木製では、堅木のツゲ、ビワ、ツバキ、サクラなどで作る。金属は、鉄板、針金の太細、ピアノ線などを使う。又、料理用の小道具の中で、少し手を加えると使える物が多いので調べてみると良い。

◎ヘラの作り方

① 堅木の板、長さ約20㎝、幅約3㎝、厚さ8〜10㎜を用意する。
② まず、大きくヘラの形に切り出す。
③ 上部と中央のくびれた斜線部分は、丸く曲面にして少し尖らせる。下部は水平に、30度くらいの刃をつける。
④ 横から見た所で、上部は丸く、下部は刃をつけた様子。

※このヘラの形は多用形です。

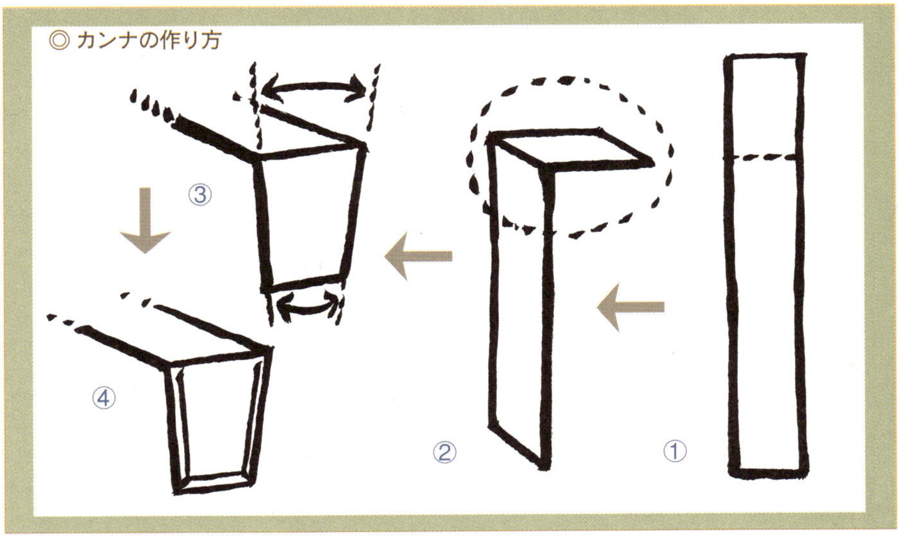

◎カンナの作り方

① 長さ約18㎝、幅約1.5㎝、厚さ1㎜の鉄板を用意する。
② 先の方3㎝を直角に曲げる。
③ 曲げた部分を、やすりで少し台形（先細り）にする。
④ 台形にした三方を外側から、やすりで刃をつける。

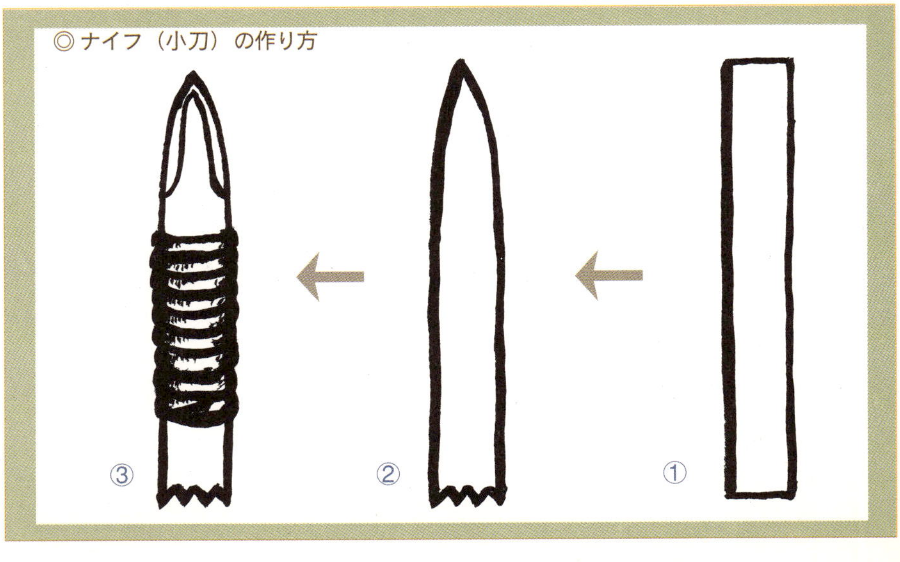

◎ナイフ（小刀）の作り方

① 長さ約18㎝、幅約1.5㎝、厚さ1㎜の鉄板を用意する。
② 上部5㎝を先に向かって、やすりで尖らせる。下部はノコギリ状にして、山を5〜6作る。
③ 尖らせた上部3㎝には両刃をつける。又、持つ部分には布などを巻いて握りやすくする。

3 手づくねの実際

◎茶碗や鉢類の作り方

手づくねの文房具制作の、基本的な手や道具の動きは、碗や鉢を作る要領と同じと思えばいいが、手の動きと指の動きは、一体にならないとうまく作業が進まないので、この茶碗や鉢作りで、大小を練習してみると良い。ここでは、茶碗制作での、手の動きを説明してみる。主な技法は、玉取りおこしと付高台《つけこうだい》である。

1 まず、よく練った大玉土から玉取りをして、テニスボール大の丸い土を作る。なるべくまん丸い方が良い。

2 両手の平で土玉をつぶして、厚さ約３cmの丸板のタタラにする。

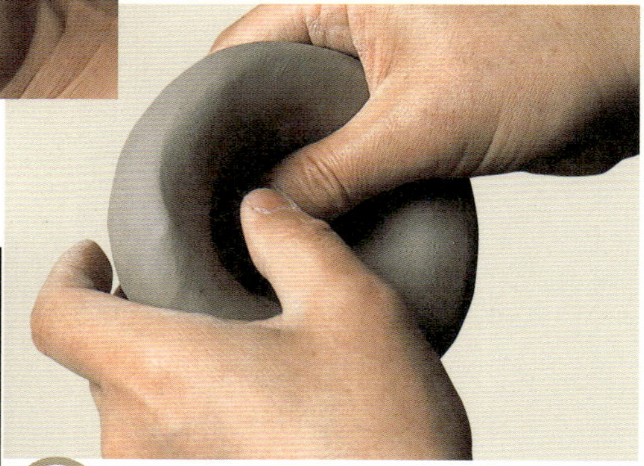

3 土を両手で持ち、親指で、土の中央部分を、厚さ約10mmに窪ませる。窪ませる広さは約半径分。窪ませた部分が碗の底になるので、薄すぎない様に気をつける（イラスト参照）。

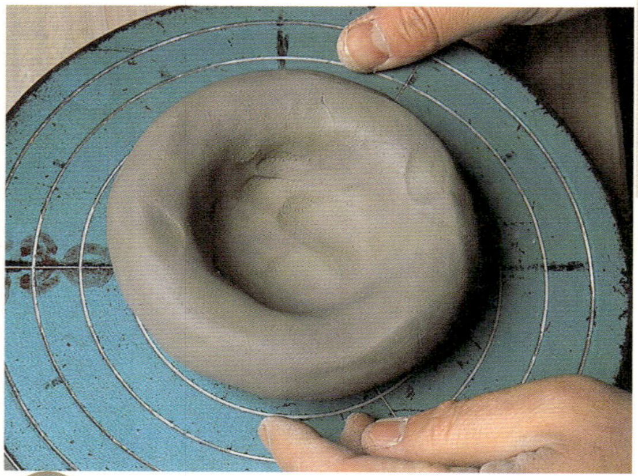

4 ロクロの中心に合わせて土を置き、窪ませた部分をしっかりロクロにつける。

灰釉花文茶碗（径12.5×高7）
※作品寸法の単位はcm・以下同。

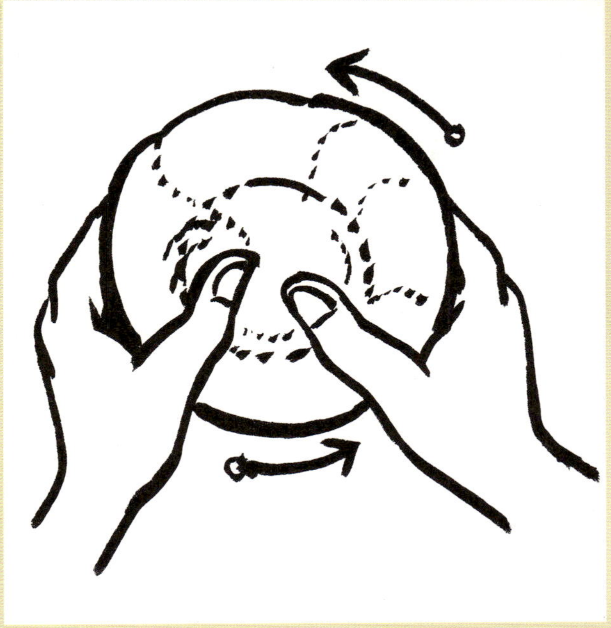

●土を窪ませる時

土を窪ませる時は、土を回転して行い、同時に周囲の土の厚さ、太さも均一にしていく。

●土を立ち上げる時

両手の親指を中に入れ、土の厚い部分を持って、手前に上げるようにする。土を挟んだ指は軽く力を入れて土を伸ばす。

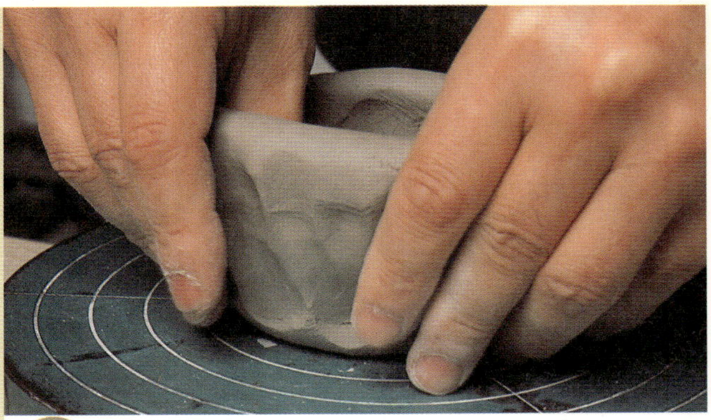

5 土の厚い部分を両手で少しずつ持ち上げて、厚い小鉢のようにする。ロクロは、その動きに合わせてゆっくり動く。次に両手の親指と、人差し指、中指で土を挟んで、手を軽くすぼめるような形の動きで土を上げてゆく。挟む厚さは約10mm（下図イラスト参照）。

6 少し立ち上げた状態。広がりすぎないように気をつける。口縁部は必ず内側に入りこむ形にする。これからの挟む厚さは約８mmくらいにして上げてゆく。

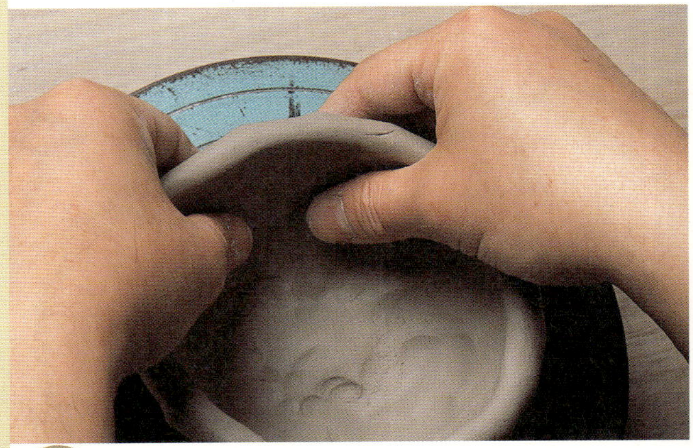

7 碗の形に整えながら、少しずつ土を上げてゆく。手の動き、形に注意する（次頁イラスト参照）。

8 全体の形が見えてきたら、口縁部などを作ってゆく。この時、全体の形の様子や厚さ見て、整える所はこの状態で作業をする。

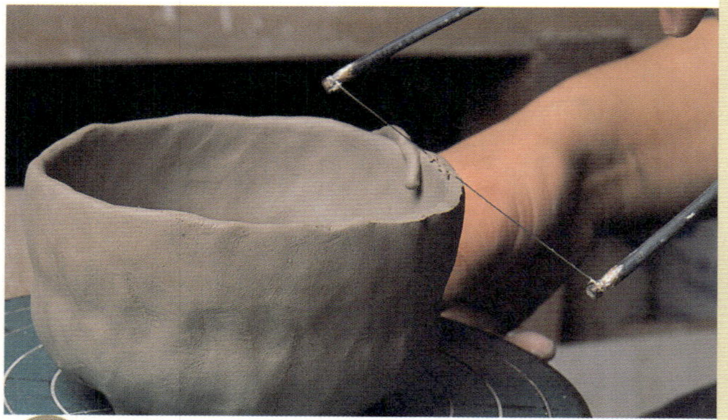

9 上部に大きなガタつきがあれば、弓形シッピキやナイフで取って整えていく。

10 形が出来たら濡れた鹿皮で、口縁部を軽く挟んだ状態でロクロをゆっくり回転させて、口先をなめらかにする。軽く上から押し込むような感じでロクロを回して少し口先を厚くするようにする。

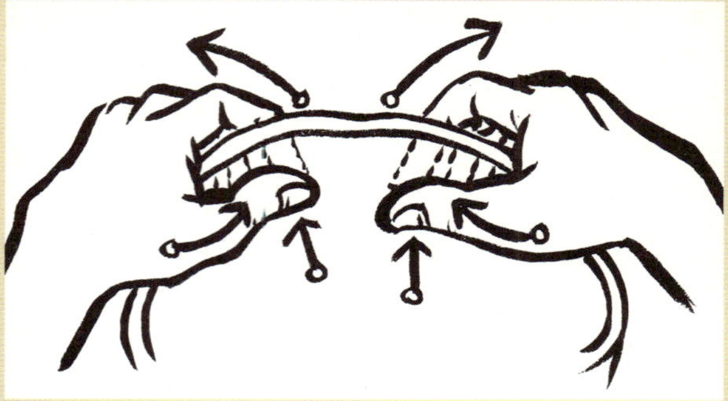

●土を広げたい時

土を広げたい時には、親指で土の下部を軽く膨らませ、徐々に手と指先を広げる動作を繰り返す。

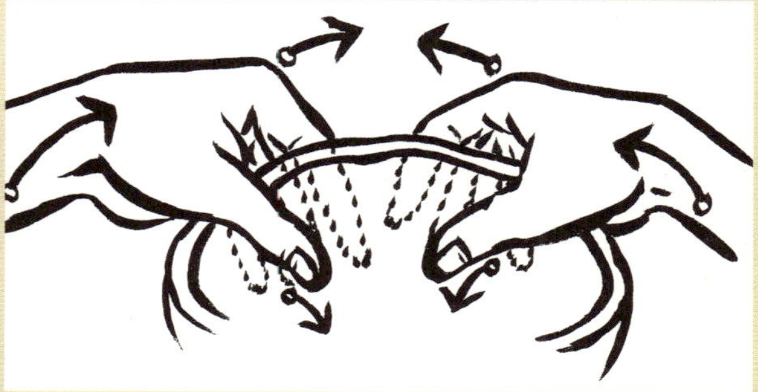

●土をすぼめる時

土をすぼめる時には、土を軽く挟んだ両手を縮める動作を繰り返して、少しずつ土が内側に入って来るようにする。

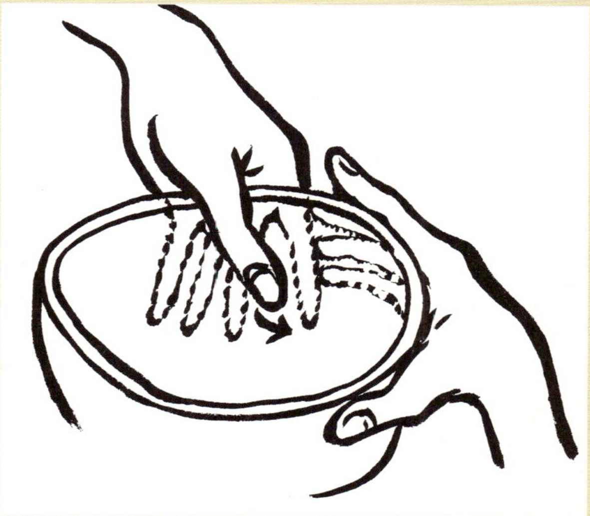

●側面中央部を広げたい時

鉢の側面中央部を広げたい時には、片手で碗の側面を軽く固定する。次にもう一方の手を広げて碗の内側と外側にあてて、親指を外に押し広げる。この動作を軽く繰り返して少しずつ広げていく。

11 シッピキでロクロから切り離し、板に乗せて上半部が硬くなるまで待つ。ロクロからはずす時は、碗の下部を両手で軽く持って上げるか、両手の中指と人指し指を広げて底部を挟んで持ち上げる。

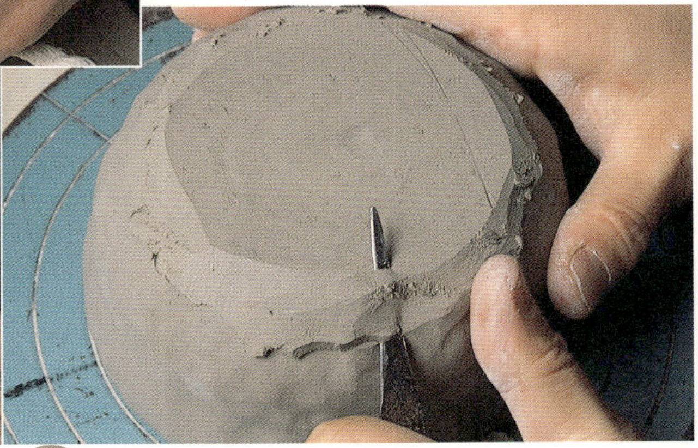

12 上半部が硬くなったら、碗をひっくり返して、ロクロに乗せて、底の回りの厚い不要な部分を削る。ナイフやカンナを使うが、上半部程硬くないので注意する。

13 次に付高台を作る。まず太さ約15mmのひも状の土を丸めて、土輪の形にする。尚、輪の径は碗の大きさに合ったものに作る。これが高台になる。茶碗や鉢では高台の形が少しずつ違うので考えて作る。

14 土輪の片側面を少し平らにしてノタをつける。

15 土輪を軽くつぶすようにして高台をつけてゆく。この時、碗を手に持ってつけても良いが、形を歪ませないように注意する。

18 全体の厚さや内側の見込《みこみ》*部分をカンナなどで整える。

＊見込＝器などの内側の底部。

16 内側や外側の接着部分をヘラで整える。高台が硬くなるまで、板に乗せ替えて待つ。高台の形、削り方を考える。

［制作のコツ］

茶碗や鉢を鑑賞する時に、まず最初に高台を見る事が多い。円筒形、兜巾《ときん》形（高台内を円錐形にとがらせる高台）、竹の節形、切り高台などの形から、大きさ、バランス、削りの技量、安定感といろいろなものが見えてくる。高台作りは、器を返して作るためか、作者の気持ちが割と素直に出て、表情が豊かなものが多い。作者としては難しい所だが、高台の中に、人柄なども見え隠れして興味深い。

17 カンナなどで高台削りをする。高台にはいろいろな削り方があるので、前もって道具をそろえておく。

19 完成。板に移し替えて、風の通らない所で乾燥させる。

手づくねの小品

水滴のいろいろ

第三章

実技編

一、文鎮

文鎮《ぶんちん》は鎮紙《ちんし》とも言うが、字のごとく、紙を押え、動きを鎮める役をする。筆勢にも負けない重量のあるものが好ましい。制作中には移動させる事も多いので、つかみやすい形や、作品自体に鈕《つまみ》＊のついた形を考えても良い。

　ここでは、台の上に龍の鈕のついた文鎮を制作してみるが、細工物の部品付の部分が、そのまま龍の鈕になる事が特徴的な文鎮だ。

＊鈕＝つまみ。指でつまんで持ち上げる部分。

色絵龍形鈕文鎮
（幅4×横18×高7）

「龍形鈕文鎮」の下絵

龍形鈕文鎮

❶ 土を伸ばして、幅4cm、高さ2.5cmの棒を作る（数字は全て、15%定規使用時のもの）。約30分程おいて、長さ18cmに切る。

❷ 両端を少し丸く角を取って、文鎮の土台とする。

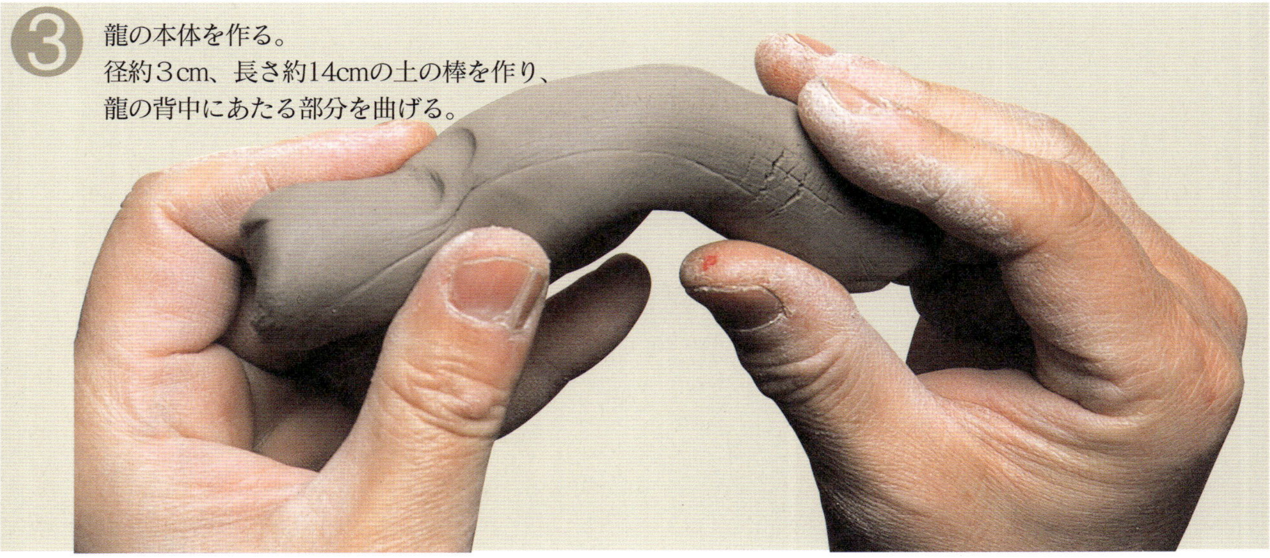

❸ 龍の本体を作る。
径約3cm、長さ約14cmの土の棒を作り、龍の背中にあたる部分を曲げる。

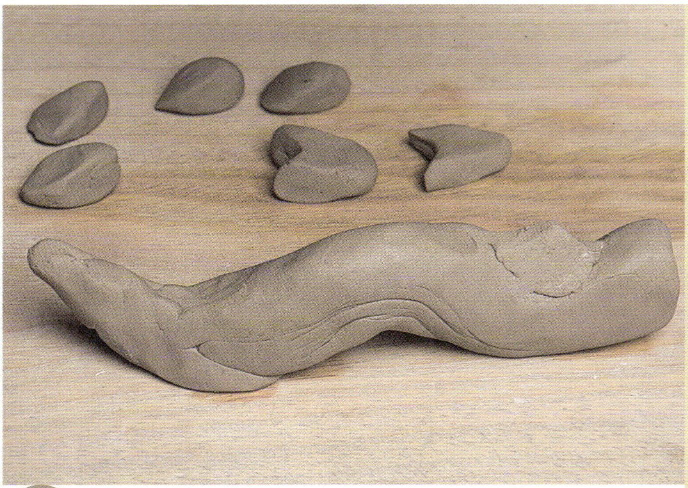

❹ 龍の部品（パーツ）を作る。背ビレ5個、龍毛2個、尾1個、目2個、足4個。写真は、本体と背ビレ、龍毛の一部（イラスト参照）。

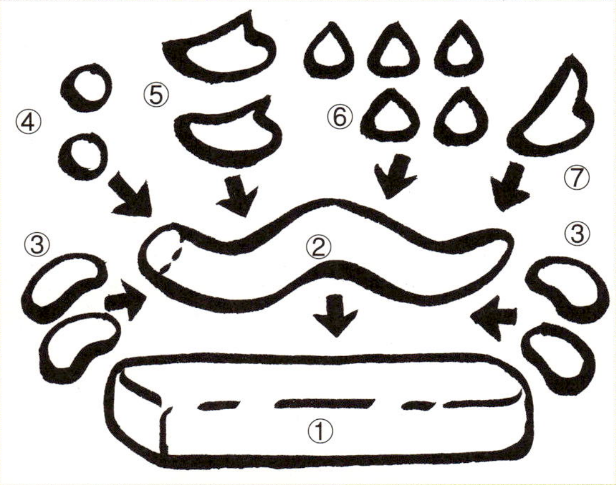

● 土台、本体と必要部品
① 土台、② 龍本体、③ 足4個、④ 目玉2個、⑤ 龍毛2個、⑥ 背ビレ5個、⑦ 尾ビレ1個。

5 ノタで体に部品をつけていく。つけた後はヘラで整える。

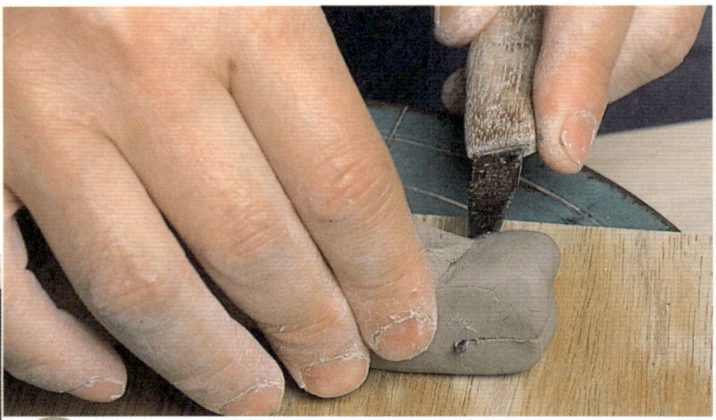

6 龍の口の部分を、ナイフで切って作る。切った後は口を上下に開いておく。

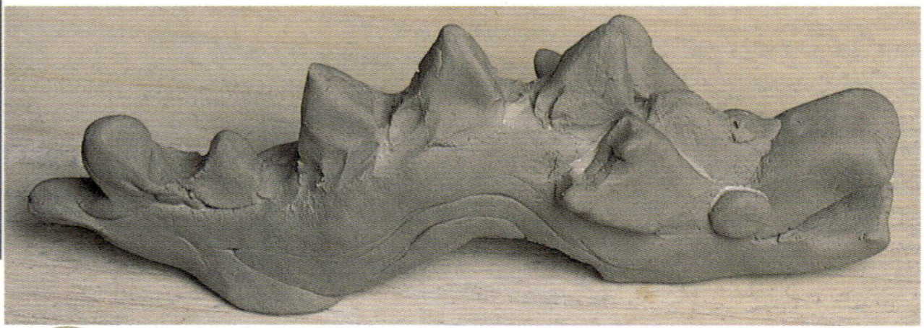

7 部品付けが終わった龍。足はついていない。削りのない状態なので、重たそうな感じがする龍になっている。

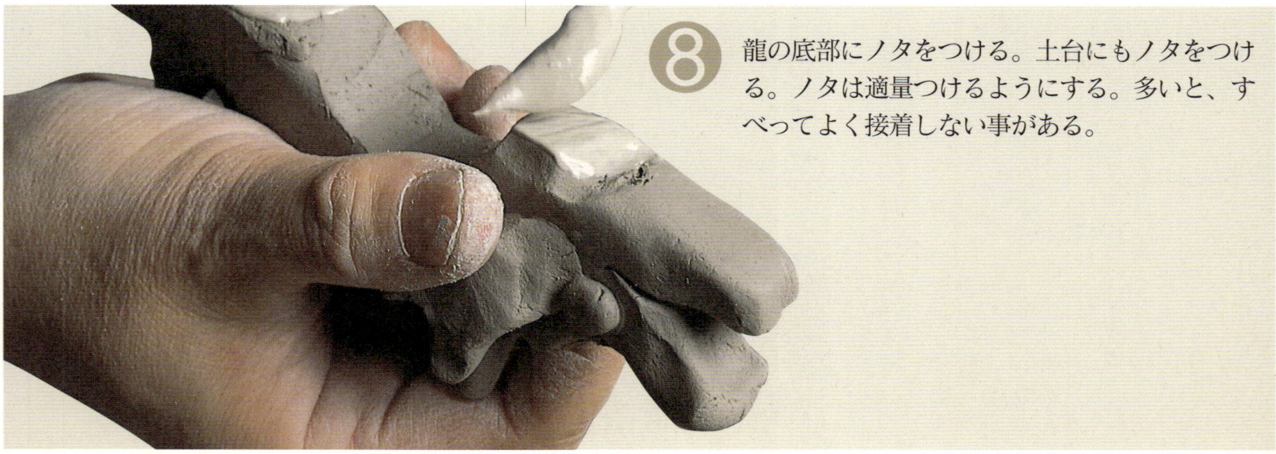

8 龍の底部にノタをつける。土台にもノタをつける。ノタは適量つけるようにする。多いと、すべってよく接着しない事がある。

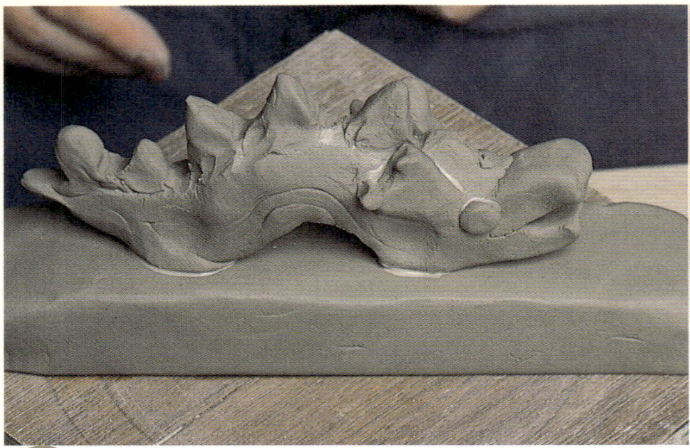

9 土台と接着させる。土台と龍の位置は、龍の頭部の前が少し空いた方が良い。よくヘラで接着部を整えておく。

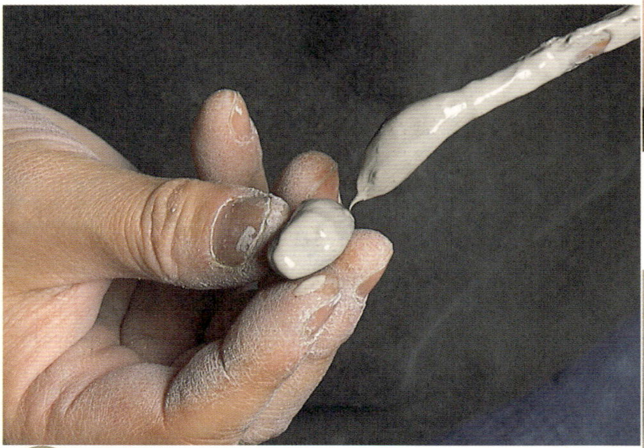

10 足にノタをつける。小物にノタを少量つけていく。

11 足を接着させたら、龍と土台のバランスを考えて、ヘラで調整していく。大きければ少し削る。

12 尾、腹、首回りの空間のできる部分は、ナイフなどで余分な土を削り落とす。

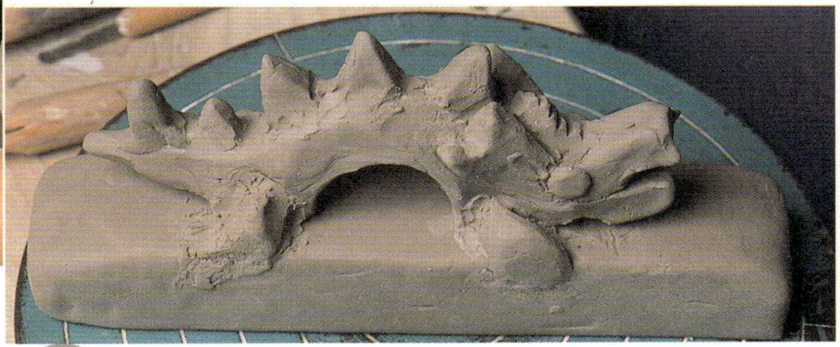

13 全体の大まかな形が完成する。この状態で8時間程置いて硬くする*。

＊硬くする＝成形時に土を硬くする時には、必ず風のない所に置く。風にあたると部分的に早く乾燥してしまうので気をつける。

14 硬くなった龍に、体の部分の細工を、ナイフ、彫刻刀を使って施していく。

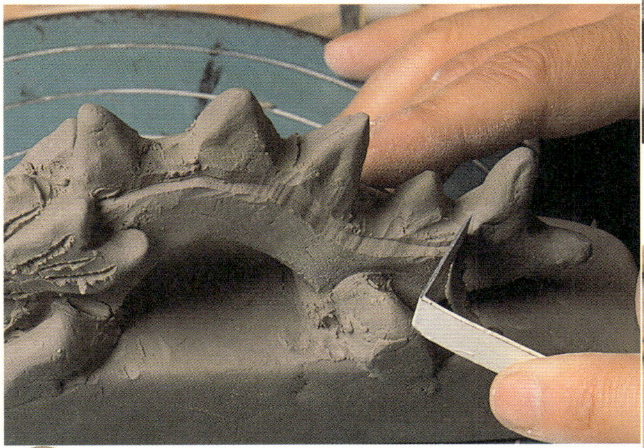

15 カンナや彫刻刀で龍の背ビレ、尾など、特徴的な所を彫っていく。

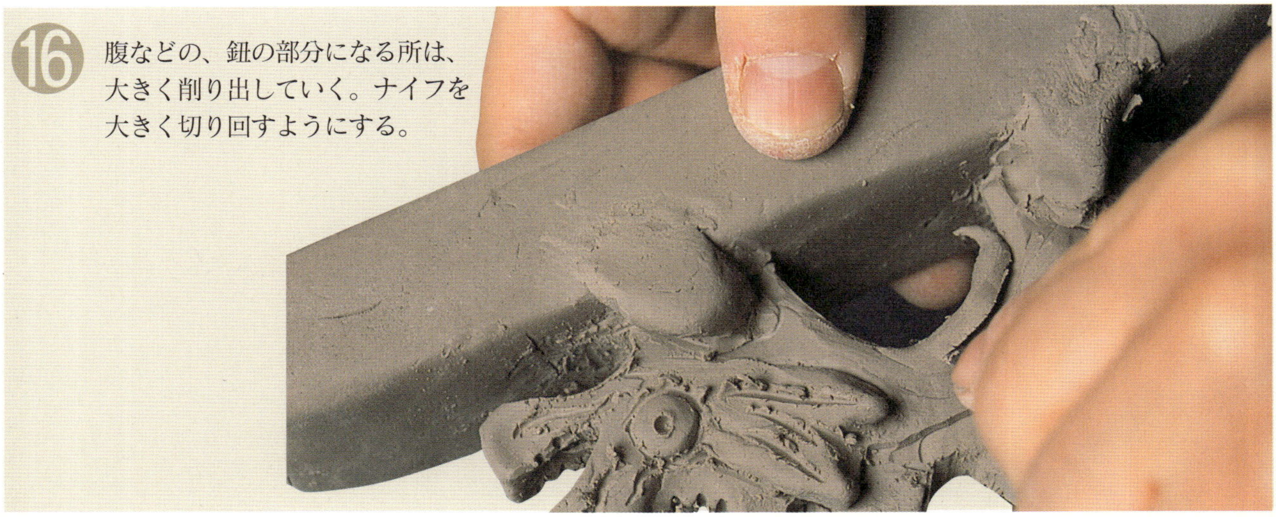

16 腹などの、鈕の部分になる所は、大きく削り出していく。ナイフを大きく切り回すようにする。

17 さらに、ウロコや龍毛などの細かい部分を、錐などを使って彫る。

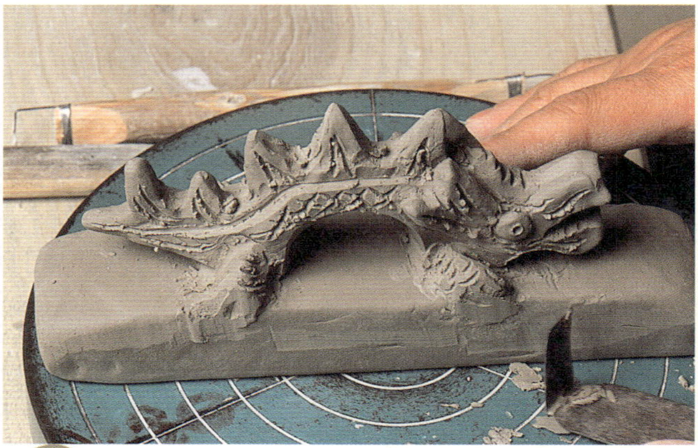

18 土台と龍の側面などを削って仕上げをする。

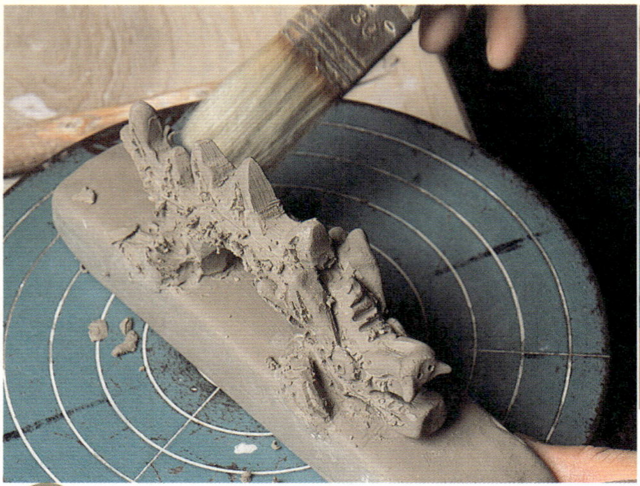

19 ブラシで細かな削りくずを落とす。

［制作のコツ］

龍などの細部部品の多い鈕は、ある程度部品を誇張して作り、部品と本体とが同じ割合になるような感じで作ると良い。

20 成形完成。乾燥後は素焼、絵付、施釉などをして焼成する。

【文鎮の参考図案】

分銅形文鎮

獅子鈕文鎮

茄子《なす》形文鎮

南瓜《かぼちゃ》形文鎮

富士形文鎮

長角形文鎮

竹根鈕文鎮

鼠《ねずみ》形文鎮

牛形文鎮

水鳥形文鎮

霊芝《れいし》鈕文鎮

布袋《ほてい》鈕文鎮

【文鎮の参考作品】

赤絵魚鈕文鎮（縦6.5×横15×高7.5）

染付布袋鈕文鎮（縦6.5×横７×高7.5）

染付獅子鈕文鎮（縦6.5×横6.5×高8.5）

染付亀鈕文鎮（縦７×横12×高６）

染付狐鈕文鎮（縦５×横14×高6.5）

色絵岩猿形文鎮（縦7.5×横10.5×高８）

灰釉猫鈕文鎮（縦6×横8×高7）

灰釉木菟鈕文鎮（縦6.5×横12.5×高8）

赤絵麒麟文文鎮（縦4.5×横10.5×高2.5）

色絵草花文文鎮（径8×高3）

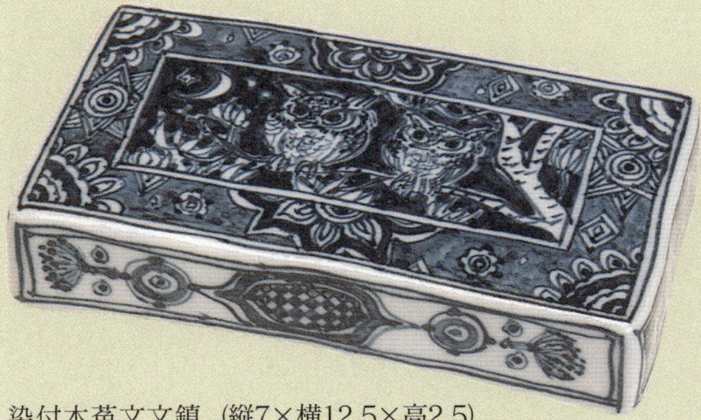

染付木菟文文鎮（縦7×横12.5×高2.5）

色絵蓮池文文鎮（縦4.5×横11.5×高4.5）

赤絵雉文文鎮（縦5.5×横6×高3）

色絵兎文文鎮（縦5.5×横6×高2）

二、筆架

筆架《ひっか》は、制作途中の筆置や、休息する時に一時的に筆を休める、筆の枕のような道具だ。

筆架は筆の一本置きの単架、二本置きの二本筆架などと、筆の架かる本数で呼んでいる。また、筆の架かる所を〈谷〉その両側を〈山〉と呼んで単架を二山、二本筆架を三山と言う場合もある。

この筆架は、文房具成形の中でも、作品に作者の造形性や性格が出やすいものだと思う。筆架は、ただ一時的に筆を架けるだけの道具だが、その単純さが、かえって制作に反映してくる。

ここでは糸瓜《へちま》形単架と、仙山*形の三山筆架を制作してみたい。

糸瓜形筆架は、筆の架かる所が瓜本体の窪みと、場合によっては、つるにも架かるように作る。曲線の多い形なので、動きのある面白さを出すように制作する。

＊仙山＝仙境の山、仙人の住む山。

織部糸瓜形筆架（幅5×横16×高5.5）

「糸瓜形筆架」下絵

糸瓜形筆架（単架）

1 まず、土を玉取りして、糸瓜形に土を成形する。

2 全体をへの字形に作る。中央部に筆を架けるので窪ませる。底部は安定感のあるように平らにしておく。ちょうど、糸瓜を縦に３分の１だけ切った形。

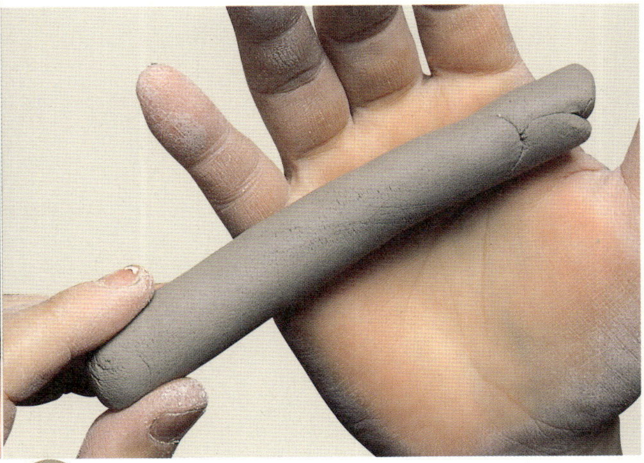

3 つる（蔓）はまず、径15mm、長さ15cmの土ヒモを作る。

4 土ヒモのつるを、Ｓ字形に曲げる。Ｓ字の先端が互い違いになるように作る。

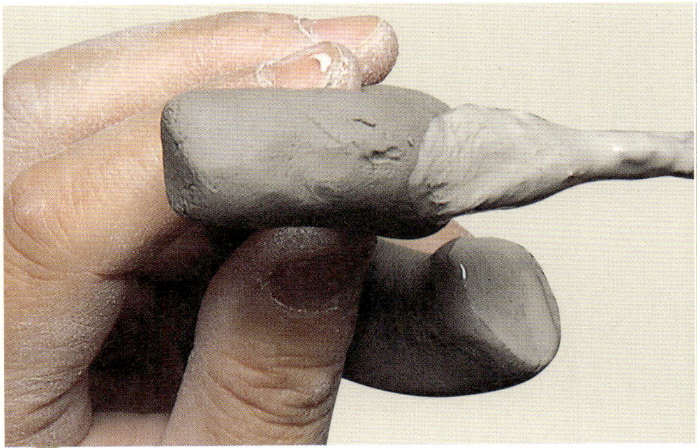

5 つるにノタをつける。つるは糸瓜の頭部と本体の二ケ所に接着する。

6 つるの方向が同じ向きにならないように、動きを出してつける。接着後はヘラで整える。

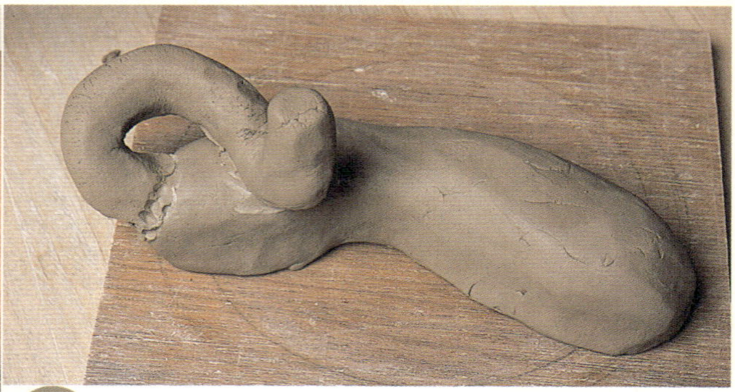

7 この状態で８時間程おく。この時、つると本体は自然な感じになるように形づくって硬くする。

8 硬くなった本体部分をカンナなどで削っていく。特に、筆を架ける窪みは、架けやすいように、又、糸瓜の感じを損わないように削る。

9 側面は内側に少し丸みをつけて削る。

10 つるの削りは、細いナイフで本体を手に持って削る。土は完全には硬くなっていないので、ナイフの動きに合わせて、手をそえて、固定して削る。

11 慎重に削ってゆく。特にカーブの曲線には気をつける。

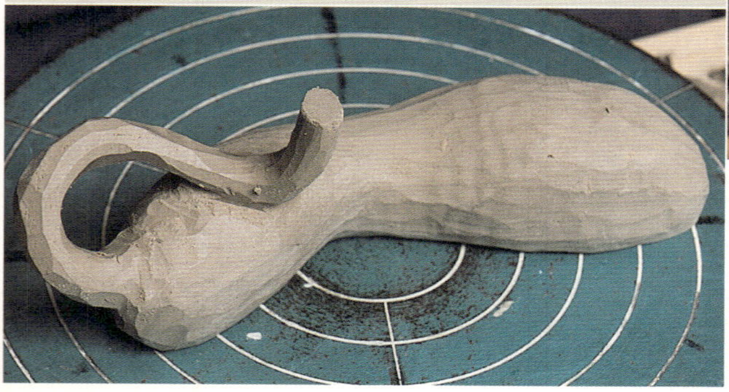

12 成形完成。板か石膏板の上に置き、風の通らない所で乾燥させる。

仙山形筆架（二本筆架）

山形筆架は、ひとつの山岳風景を作り出す事になる。大小の凹凸が、具体的・現実的でないと作品にならない。山の形や岩の配置に無理のない様子が求められる。

色絵仙山形筆架
（幅6×横14×高8）

「仙山形筆架」下絵

1 土台を作る。縦6cm、横14cm、厚さ2cmの土台をタタキ板などを使って作る。この作品ではノタは使わない（後で一部使用）のですぐ次の作業に入っていく。

2 普通より少し柔らかい土（ゴルフボール大）を、土台に2つよくつける。土が柔らかいのでノタは使わないが、接着面に空気が残らないように、指でのばしながらつけてゆく。

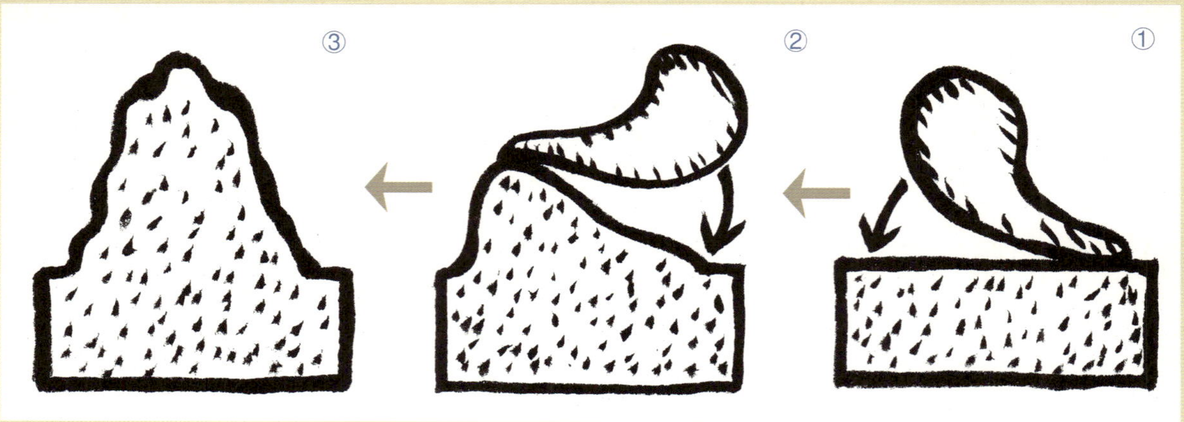

● 山の作り方

① 山を作るには、はじめから土台に山の塊をつけるのではなく、少しずつ山の形にしていく。まず、ゴルフボールくらいの丸土の片方を少し伸ばして、空気の入らないように接着面によくつけていく。そして徐々に全体をつける。この時、土が柔らかければノタは必要ないが、接着した土をひっぱってみて不安な様だったらノタを薄くつけても良い。

② 今度は反対側からつける感じで、やはり丸土を少し伸ばした方からしっかりつける。これを何回か繰り返して山にしていく。

③ 丸い山の形になったら、指で山の形を整えていく。

3 ２つの中心となる山が出来たら小さな山や、岩山を作っていく。

4 片方の山に小山をつける。小山を合わせて三山形にする。全体を見て、不自然な感じがしないように作る。

5 掻きカンナなどで大きな洞や窪みを作る。山岳風景の中に変化や、景勝的な所を作る。

6 土全体が柔らかいので、途中でタタキ板を使って形を整えながら進める。タタキ板は軽く使う。

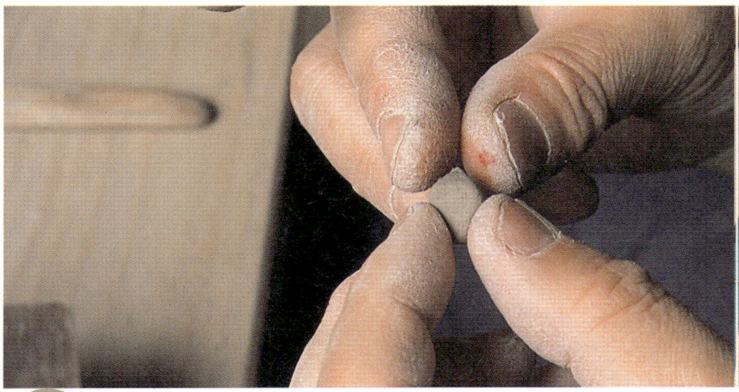

⑩ 小さな家を作る。丸めた小玉土を指で押して四角くする。少し指でならして家の形にする。

⑦ 全体が出来たら８～10時間程置いて硬くする。石膏板の上に置いても良い。

⑪ 家の底にノタをつけて接着する。土が硬くなっているので、接着にはノタが必要になる。

⑧ 硬くなったら、細部をヘラや彫刻刀で彫ってゆく。

⑨ ヘラやカンナで、山の丸みや、岩の感じを出してゆく。

14 谷の部分の筆の架かり具合を見る。筆を置いても良い。

12 さらに、細部を彫りこんでゆく

[制作のコツ]

山形を作ったり、削る時には、自分が、今作っている山の裾野にいるような気持ちになる事が大切だ。

13 平刀を使って山の頂や岩肌の感じを出してゆく。

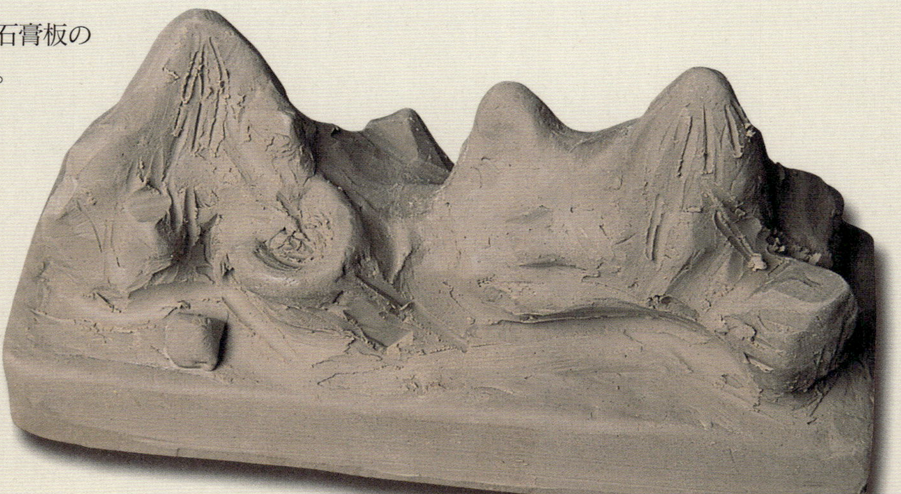

15 成形完成。板か石膏板の上で乾燥させる。

【筆架の参考図案】

金魚形筆架

虎形筆架

鳥形筆架

桃形筆架

勾玉《まがたま》形筆架

女人形筆架

陵形筆架

櫛《くし》形筆架

家形筆架

陶枕形筆架

波形筆架

山形筆架

【筆架の参考作品】

色絵蝶形筆架
(縦11×横12.5×高3.5)

色絵水鳥形筆架（縦4×横13.5×高4.5）

染付鯰形筆架（縦6×横10.5×高4.5）

染付仙山形筆架（三山）（縦7×横20×高7.5）

赤絵山形筆架（縦3×横17×高4）

染付波形筆架（縦3.5×横19×高5）

色絵糸瓜形筆架（縦5×横16.5×高5.5）

灰釉糸瓜形筆架（縦5.5×横16×高5.5）

織部瓜形筆架（縦4.5×横11×高4.5）

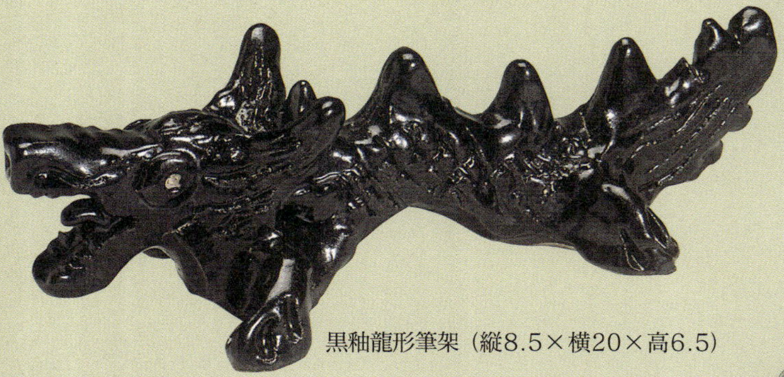

黒釉龍形筆架（縦8.5×横20×高6.5）

織部竹根形筆架（縦6×横18×高4.5）

織部山形筆架（縦5×横18×高6）

染付仙山形筆架（二山）（縦5.5×横14.5×高7）

三、陶硯

墨を摺る硯は、文房具の中でも中心的な役割をするが、形の種類や呼び名の多様さもさることながら、硯にまつわる逸話も多く、なかなか歴史的にもやかましい道具のひとつだ。

硯は、摺面の墨の降り具合を決める〈鋒鋩《ほうぼう》〉の良否が決め所になる。鋒鋩は、摺面の細かな凹凸を指し、ちょうど大根おろしのおろし金のような役目をする。この細かな突起が粗すぎると墨色が粉っぽくなったり、又、細かすぎると墨がすべってよく降りない事になる。

陶硯《とうけん》の摺面は施釉をしない。成形土のそのままの焼成表面が摺面となるので施釉時には気をつける。

陶硯の成形土の目安としては、前記の様な摺面が出る土なら単味土でも申し分ないが、成形土が白土で絵付や色釉薬を使う場合には、磁器土10に対して陶器土1～3を混入して作る。陶器土を入れる事によって摺面に鋒鋩の他に、微細な荒れが生じるが、墨の降り方は変わらない。ただ、成形土にわずかでも山砂や荒石*のあるものは避ける。この山砂や荒石は土とは別の成分なので、焼成後、摺面にそのまま石が出たり穴の原因になる。

陶硯の摺面は、焼成後に砥石かサンドペーパー（120番前後）をかけて、表面を滑らかにする。そうすると、表面はすべすべしているが、指でこすると少し吸いつくような感じで、気持ち湿っぽくなる。言葉で書くとこんな表現の摺面が良い。

焼成後の釉膜表面に貫入《かんにゅう》*の入る作品は、墨の粒子が貫入に入って細い筋線が出るが、墨を使えば必ず入るものなので、ひとつの景色《けしき》*と思ってほしい。

織部彫瓜文陶硯
（縦18.5×横13.5×高３）

「彫瓜文陶硯」の下絵

＊山砂や荒石＝火成岩の砂や長石の砕石。
＊貫入＝焼成後の釉膜表面に表れるひび。
＊景色＝釉膜面や作品表面におこる良性の変質効果。

彫瓜文陶硯

この陶硯は、硯頭に瓜の文様が浮き彫り文様として入る。

カンナや彫刻刀の使い方が重要なポイントになる。又、摺面は凹凸のないように平らに仕上げる。

釉薬は織部釉を使う。浮き彫りされた凹凸に織部釉の濃淡が出るように、硯頭の瓜を中心に葉、つるが硯全体を覆うように彫る。

2 ロクロの上に置き、表面をヘラで平らにならす。硯の大まかな形もこの時に決める。

3 赤インクで下絵を描く。まず、摺面と墨池を決めて描き、次に、外側の瓜文様を描く。

1 タテ15cm、ヨコ21cm、厚さ３cm（15%定規使用）のタタラ板を作る。形は四隅を落とした楕円形にして、一昼夜置いて硬くする。

●硯の各部名称

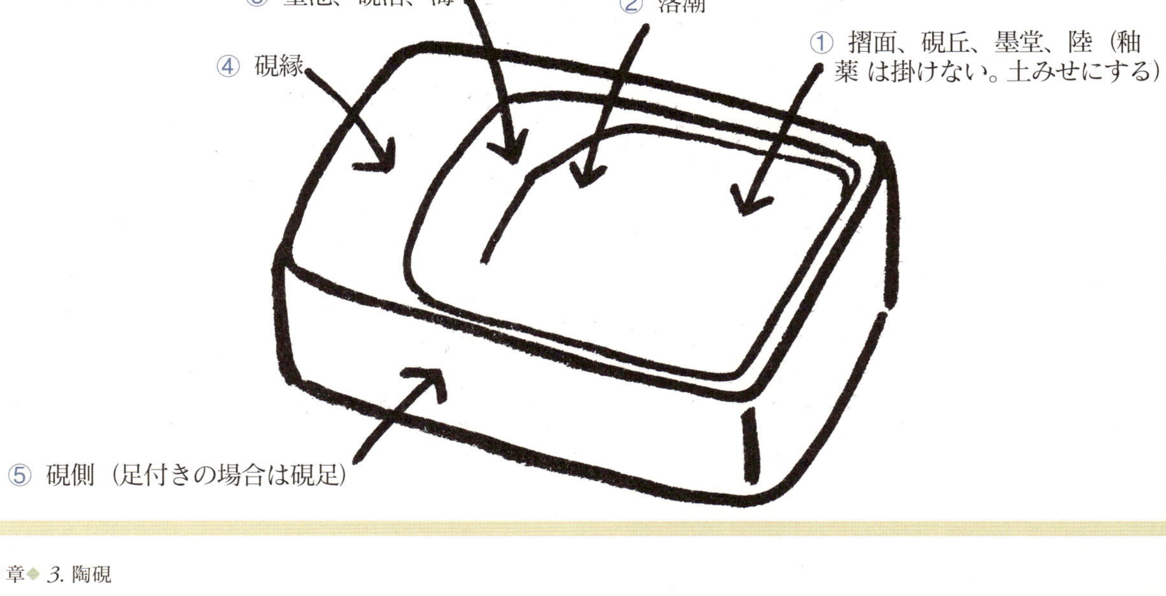

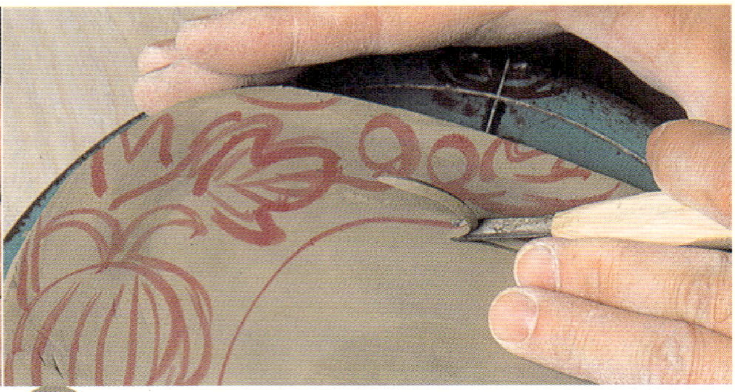

4 下絵を描き終わったら、彫刻刀の三角刀で、摺面と墨池のアウトラインを彫る。線の内側を彫ってゆく。深さは約2mmくらいにする。

5 L形カンナを使って、摺面と墨池を大まかに彫る。摺面は全体に、約2mm程、墨池は摺面から約7mm程斜めに彫る。墨池ははじめから大きくとらない方が良い。

6 回りの瓜文様に錐で線を入れる。深さは1mm程。

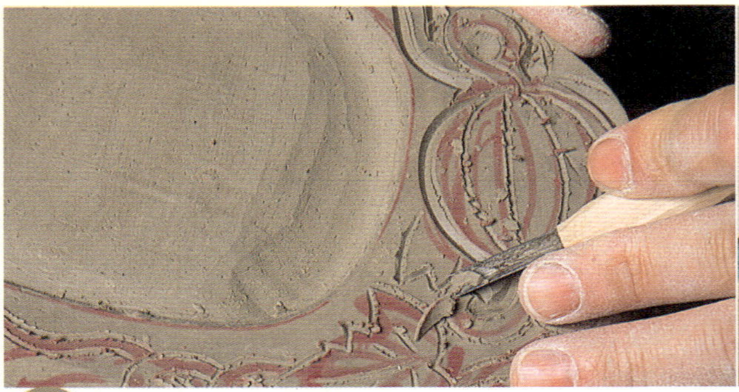

7 線入れが終わったら三角刀で、瓜の回り、つたの線、葉の回りを彫って浮き立たせる。

8 大きく浮き立たせたり、彫ったりする部分は平刀や丸刀を使う。

9 細部もナイフや錐《きり》を使って彫る。

10 全体の粗彫りが終了した所。この状態で２時間程置いてさらに硬くする。

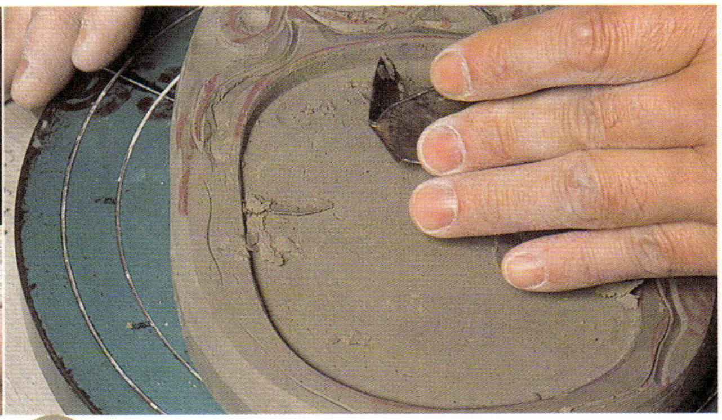

11 摺面、墨池をカンナで平らにする。摺面を約１mm、墨池を２mm程削る。摺面から墨池へのカーブ、落潮の下げ具合、墨池の大きさを決める。

摺面の仕上がりを見る。

12 ヘラを使って、より滑らかにする。

13 細部の彫りをする。土は硬くなっているので細かい彫りが可能だ。つるや瓜の角取りをして、丸みをつける。

14 側面の文様を彫る。カンナ、平刀、三角刀などを使用。

17 さらに摺面にヘラをかけて仕上げをする。

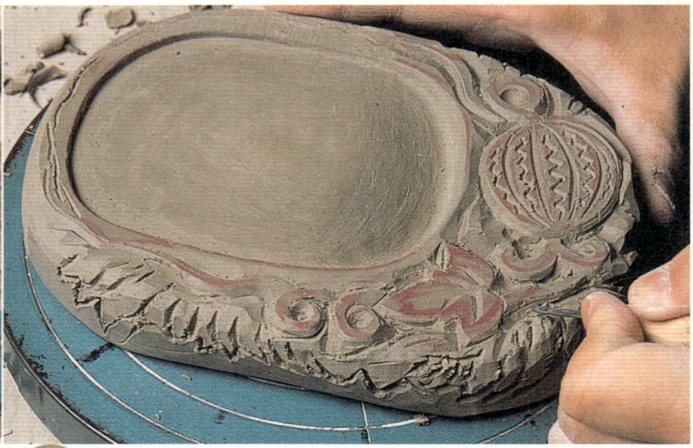

15 細部を仕上げて瓜文様の部分は完成。

［制作のコツ］

硯の施釉では、織部釉は筆掛けなので摺面以外を筆で施釉すればいいが、ひたし掛けや、流し掛けでは、摺面に釉抜剤や、ロウを塗っておかなければならない。又、硯裏が平らな作品で施釉をした時は、ヨリ足（耐火土を豆状にしたもの）を数ヶ所つけて、浮かして焼成する。施釉しない場合は、摺面と同じ、釉抜剤などを塗っておく。

16 摺面の回り、幅1cmを0.5mm程彫り下げて、摺面全体を浮き立たせる。

18 成形完成。硯の乾燥はなるべくゆっくり行う。土が板状なので、乾燥が早いと歪む事があるので注意する。

【陶硯の参考図案】

牛硯

六角硯

彫葡萄文硯

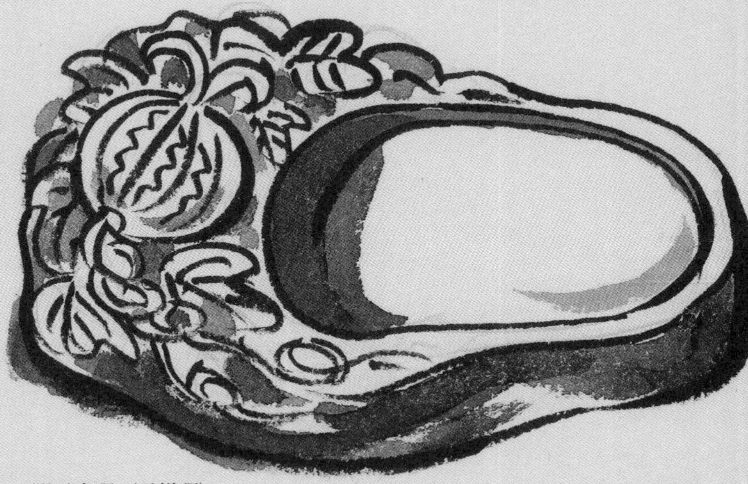
彫瓜文硯（瓜様硯）

仙山形硯

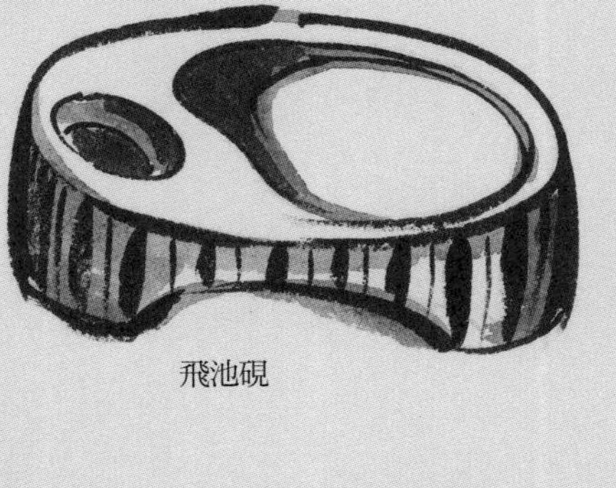
飛池硯

斧《おの》形硯（長方硯）

円硯

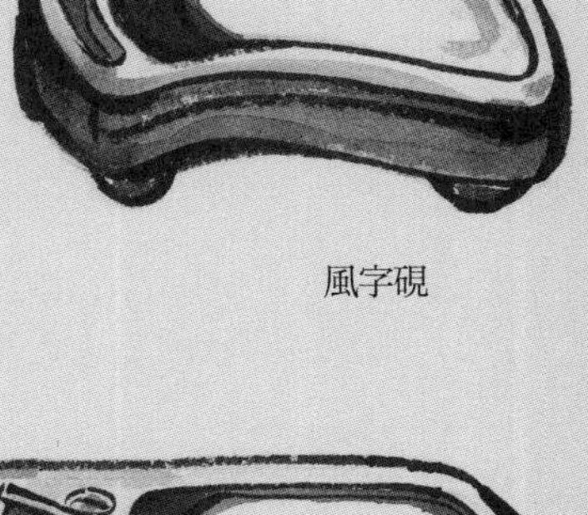
風字硯

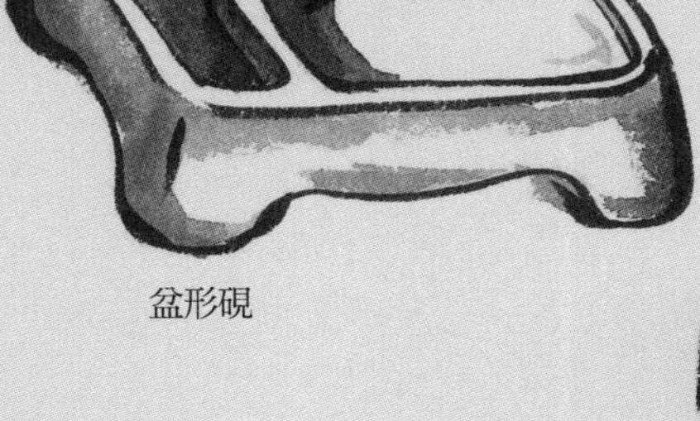
盆形硯

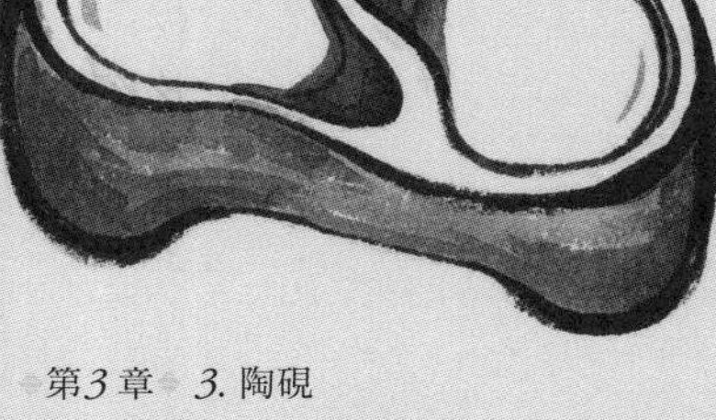
双子硯

彫菱文硯

【陶硯の参考作品】

染付瓢硯（縦20×横15×高4）

染付動物文小硯（縦12.5×横9.5×高4.5）

染付円硯（径21×高3）

染付蓮池硯（縦20×横17×高5）

染付花文戴具硯（縦21×横15×高4.5）

染付彫流水文硯（縦18×横11.5×高3）

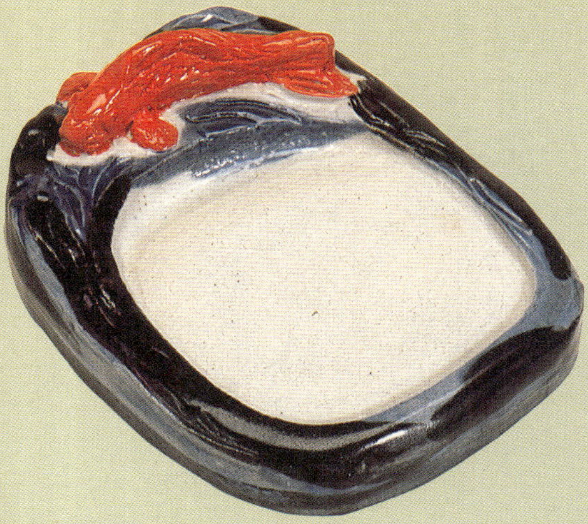

赤絵蓮鯉硯（縦20×横17×高5）

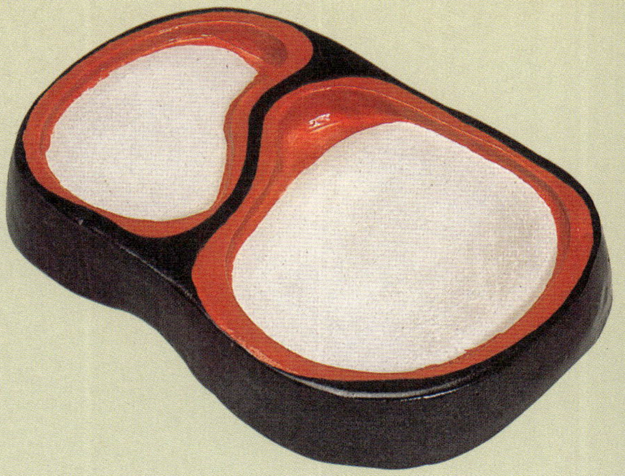

赤絵双池硯（縦21×横14×高3）

染付彫葡萄文硯（縦20.5×横12×高4）

織部彫瓜文硯（縦18×横14×高3）

赤絵彫石榴文硯（縦15×横9.5×高3）

織部臥牛硯（縦19.5×横12×高5.5）

四、水滴

水滴《すいてき》は、墨池《ぼくち》に水を注いだり、制作途中に水を補充する道具で、文房具の中では特に形の種類が多い。構造は中空に作り、手の平に収まる程小ぶりなものが多く、小さな空気口と注ぎ口をつける。制作には、形と水の流れ出る様子の、ふたつを念頭に置くと良い。

水を入れた水滴は、少し傾けると、水玉が不器用に流れ出して、あるものは器体を伝わって底の方から落ちていくが、これを見ていると世間とは隔絶した世界を見ているようで、何とも形容の仕様がない。水滴が墨池や摺面に水を注ぐ仕種《しぐさ》は、空から水を降らすようで、「山中流水有、飛空作雨聲」*のごとくだが、これも又、水の流れる様子だと思う。この小さくて不思議な動作をする水滴が、書画人に限らず、幅広い層に渡って愛される所以《ゆえん》でもあるようだ。ここでは丸形と角形の水滴を作ってみたい。丸形は玉取りから、角形は型を用いる。

＊「山中流水有、飛空作雨聲」＝唐の詩人、儲光義の「題山中流泉」の一節。山の中に流れがある。天を飛んで雨のような音がするの意。

色絵丸形水滴（把手付）
（縦7.5×横13.5×高7）

丸形水滴（把手付）の下絵

丸形水滴（把手付）

この丸形水滴は、本体の、丸い手びねり成形と、注ぎ口の土管の作り方が主なポイントとなる。

1 250ｇの土を玉取りして、丸くボール状にする。

2 丸土を両手でつぶして厚さ15mmの丸いタタラにする。さらに中央を厚さ７mmにして半径分窪ませ、ロクロの中央に乗せ、窪みの部分をロクロによくつける。

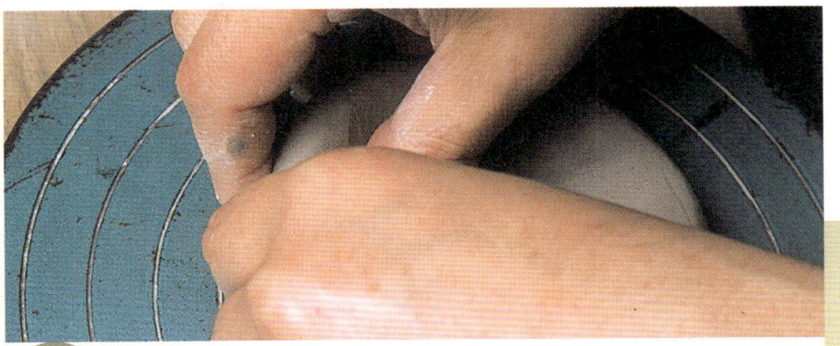

3 回りの厚い部分の土を立ち上げてゆく。手の使い方や、土の厚みに気をつける。

4 土全体を立ち上げた所。ここまでは、第１章26～30頁で紹介した茶碗や鉢類の作り方と同じになる。

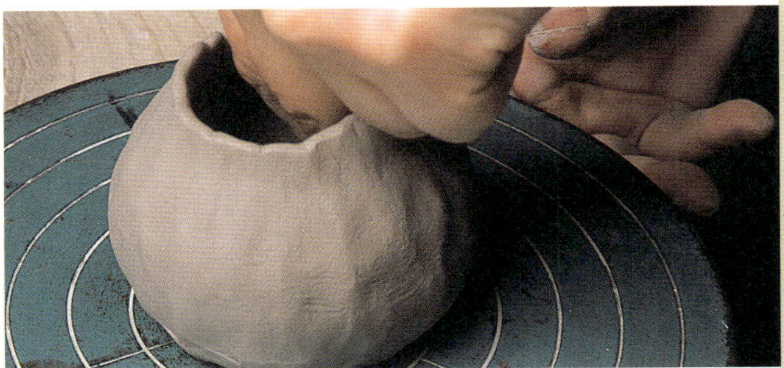

5 上部を中央にすぼめていく。両手の親指、人差し指を主に使っていく（イラスト参照）。

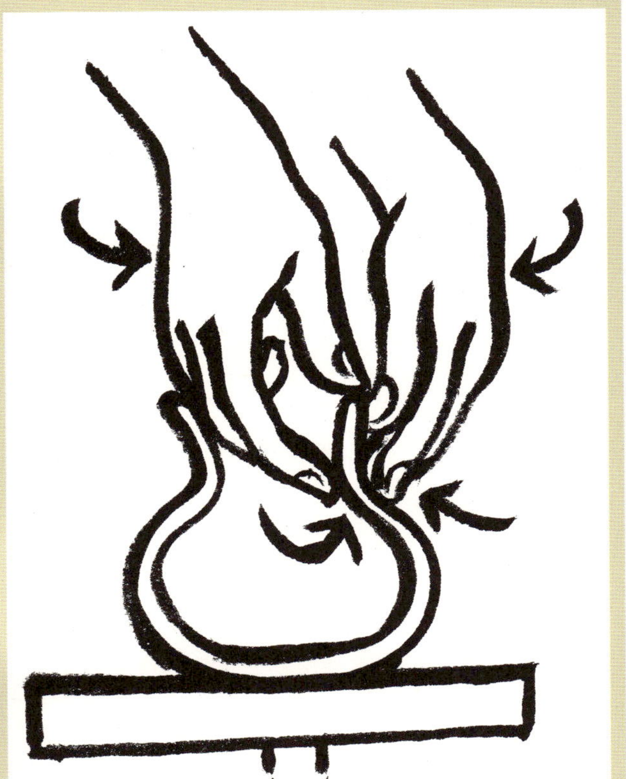

● 上部中央をすぼめていく

両手の親指、人差し指の先を使う。土が薄くならないように注意する。ロクロをゆっくり回転させ、外側の手が内側に向かって少しずつ、すぼめるような手付になる感じで動かす。

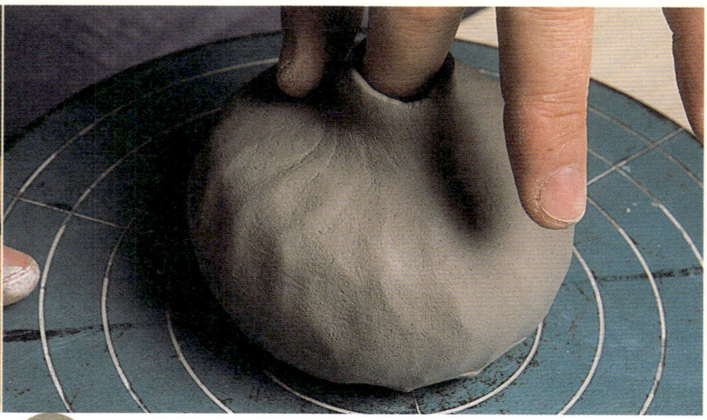

6 指１本が入るくらいまですぼめる。すぼめた土が薄くならないように、少し土を上に持ち上げぎみにして、さらにすぼめてゆく。

7 外側から徐々にすぼめて土を閉じてゆく。すぼめた土を少し押し込むようなつもりでする。

8 閉じた土の余分をつまみ取る。

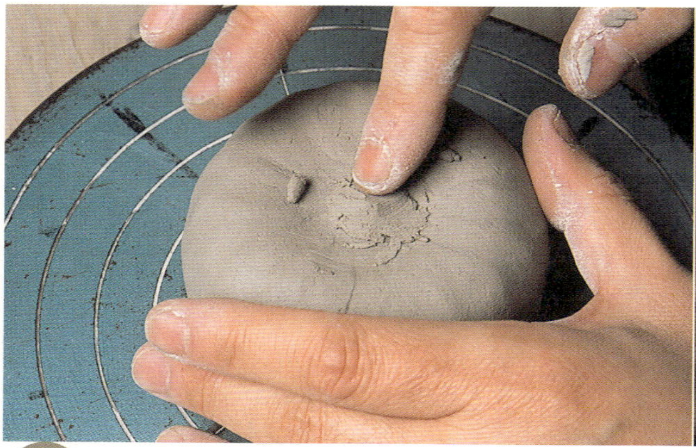

9 すぼめた部分の出た土を指でならす。

10 シッピキでロクロから切り離して、ひっくり返す。水滴はロクロについていた方が上になり、すぼめて閉じた方が下（底）になる。

［制作のコツ］

玉取りおこしで作る丸ボールは、完成後反転させる。すぼめた部分が底の中心となり、底が上部になるように作る。この方が技術的にも、丸くなり、厚さも調節しやすい。

11 指でならして丸ボールにする。中に空気が入っているので、少々の事では形くずれしない。この状態で約30分置いて少し硬くする。

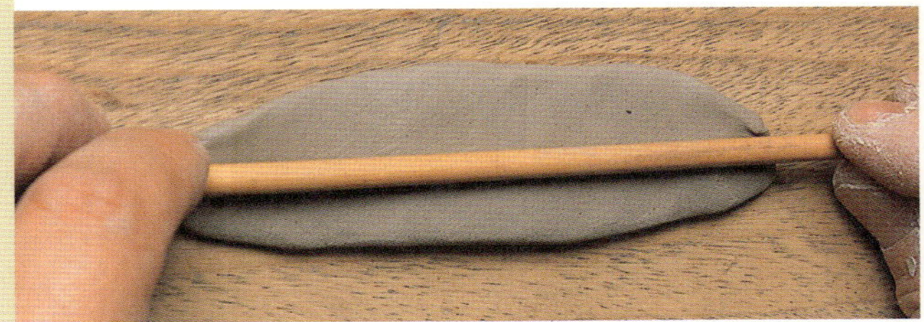

12 本体を硬くしている内に注ぎ口の土管を作る。長く伸したタタラ（厚さ２mm）の中央に、太さ３mmの棒を置く（面相筆の柄など）。

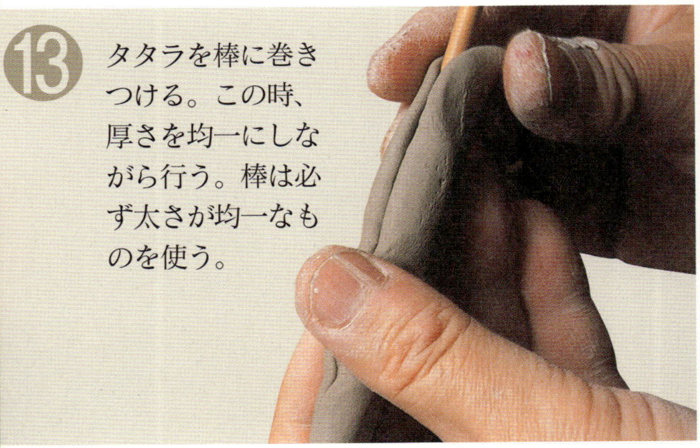

13 タタラを棒に巻きつける。この時、厚さを均一にしながら行う。棒は必ず太さが均一なものを使う。

14 机の上で棒を回転させても良い。丸い棒状になったらゆっくり土から棒をぬき取って、中空の穴を確認する。ちょうど小さな土管になれば良い。15分程置いて少し硬くする（⑫⑬⑭はイラスト参照）

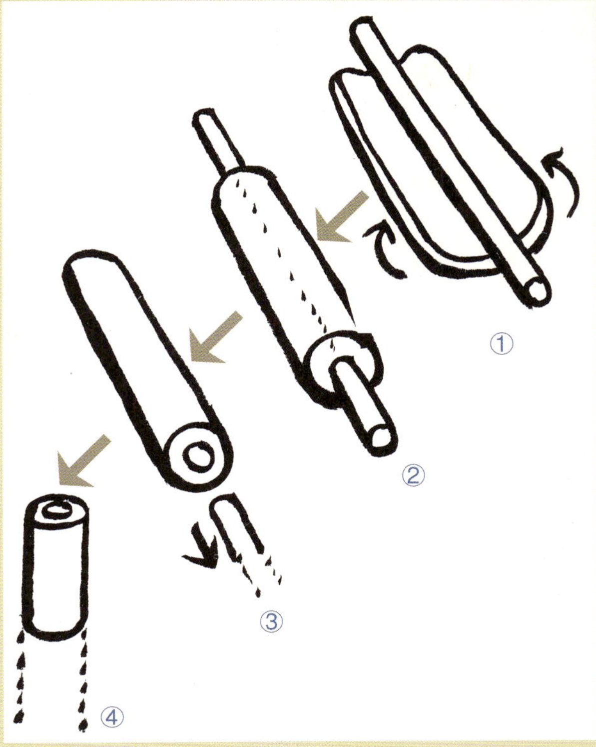

●注ぎ口（土管）の作り方

① 厚さ2mmのタタラを、径3mmの棒に巻く。
② よく巻きつけて、丸い棒にする。
③ 棒をぬき取る。
④ 必要な長さに切って使う。

15 次に把手（取っ手）を作る。径15mm、長さ10cmくらいの土ヒモを曲げる。両端をつまんでつぶす。外側の側面を軽くつぶして装飾を作る。

16 本体とのバランスを見る。１時間程置いて硬くする。

17 本体上部に空気穴を開ける。径は３mm～４mm程度。

18 穴の回りを少し窪めて本体の成形が完了する。

19 硬くなった土管を2.5cm程切り取る。土管をころがしながら切る。

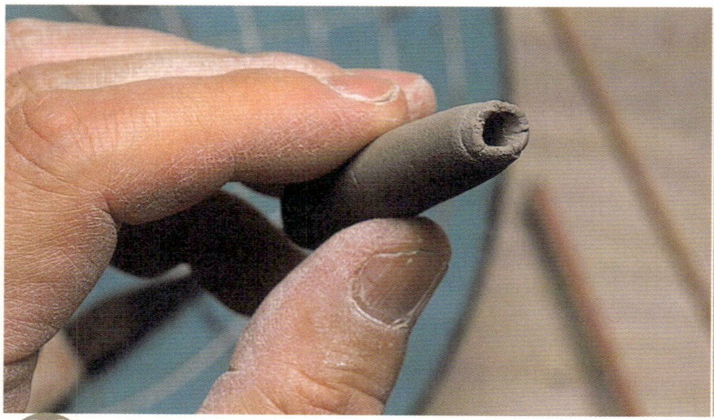

20 切り取った土管の穴を確認する。

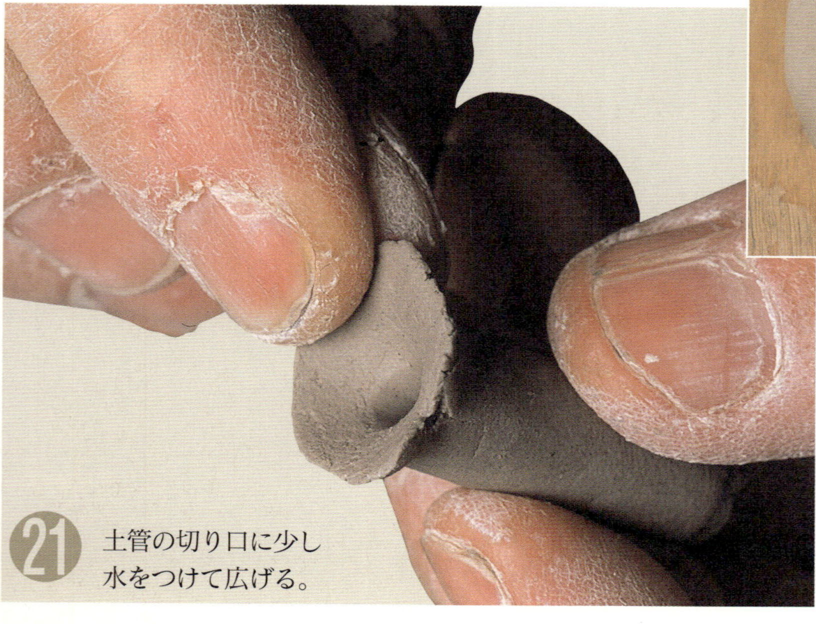

21 土管の切り口に少し水をつけて広げる。

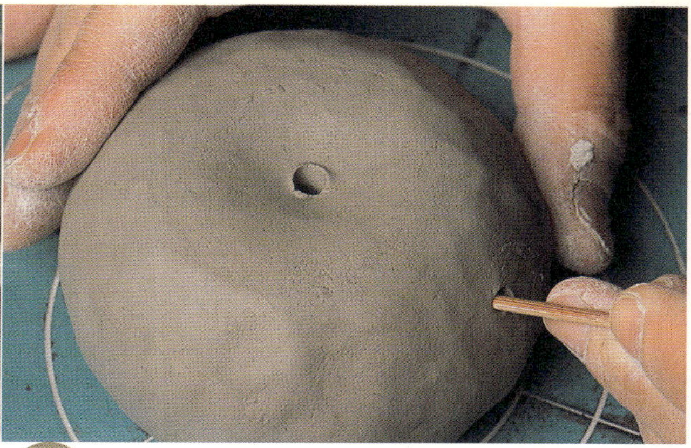

22 注ぎ口の穴を開ける。空気穴より、気持ち広く開けても良い。径4mm程度。

23 土管の広げた部分にノタをつけて、注ぎ口の穴と、土管の穴を合わせて接着する。この時、土管は20度程上向にする。

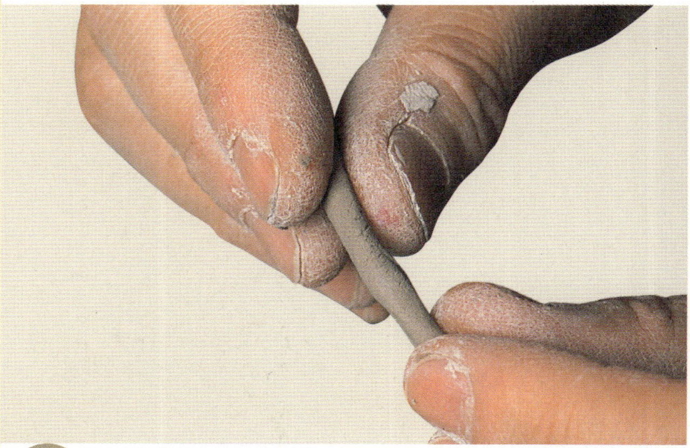

24 口回りの装飾のために、径3mm長さ4cmの土ヒモを作る。

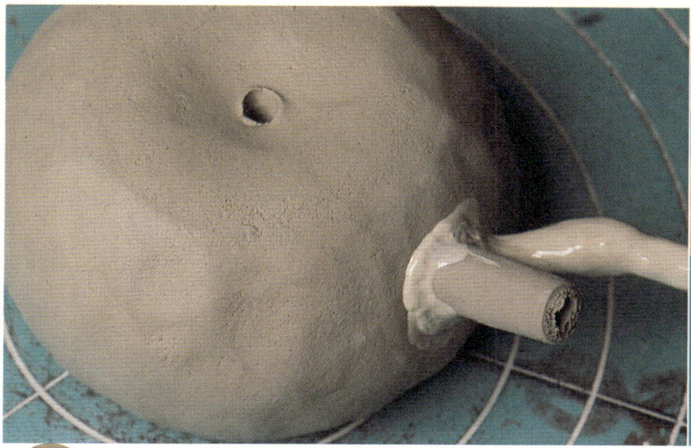

25 次に、口回りの装飾のため接着部にノタを塗る。

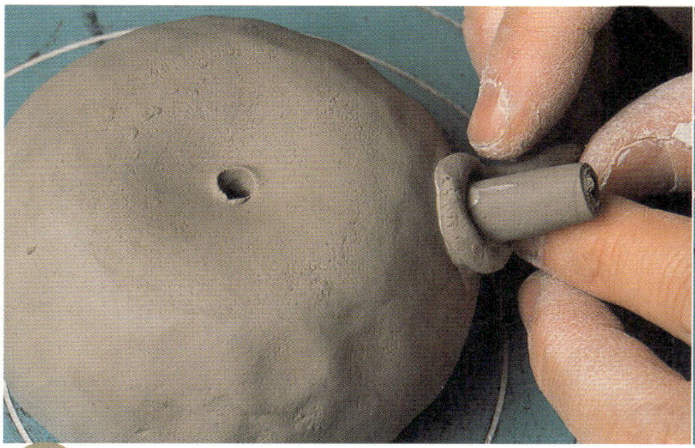

26 土ヒモを土管の根元に巻きつける。

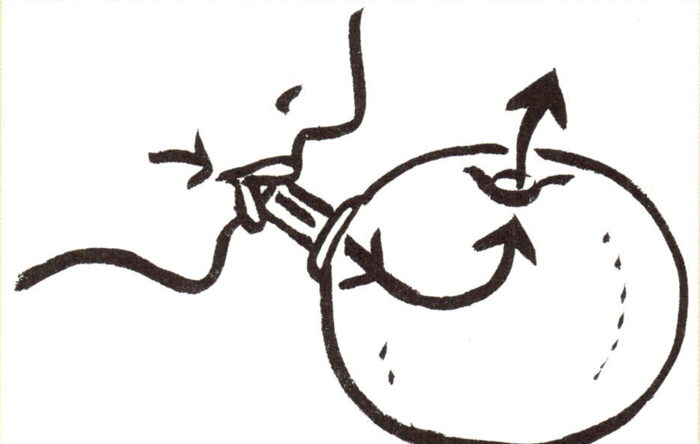

●注ぎ口と空気穴の確認

本体と土管を接着したら、注ぎ口から空気を吹き込む。よく通る事を確認する。

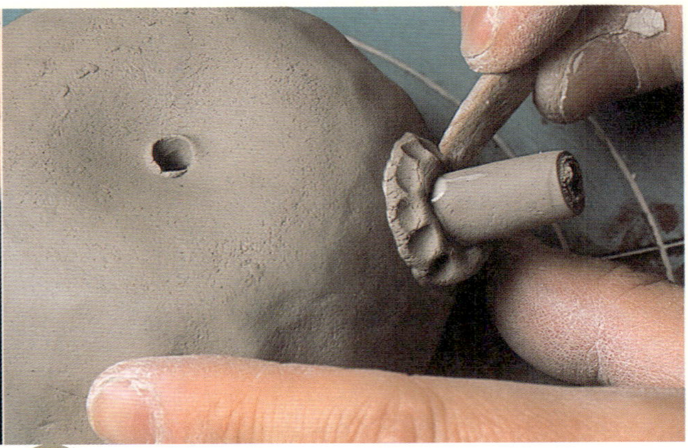

27 ヘラで土ヒモを手ぎわよくへこませて、口元の装飾を施す。

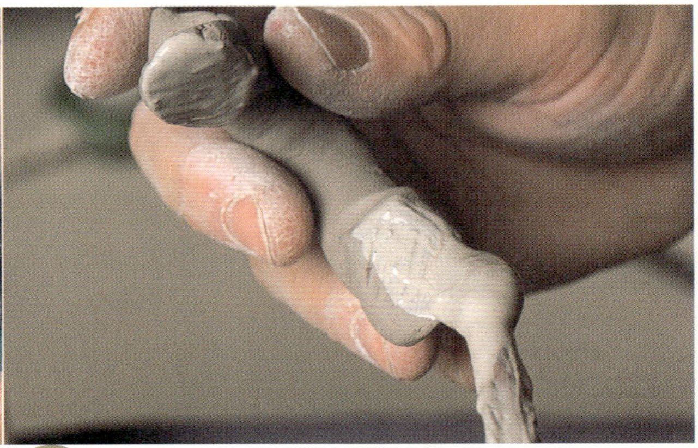

28 次に把手（取っ手）にノタを塗る。

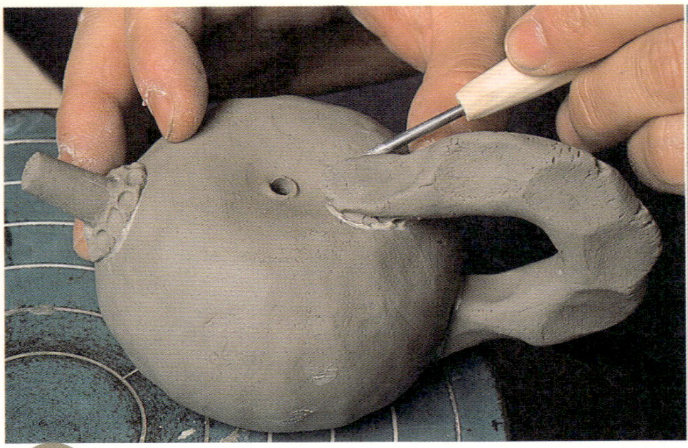

29 バランスよく把手を接着させて、ヘラで回りを整える。この状態で５時間程置いて硬くする。

30 本体や把手を削って仕上げる。

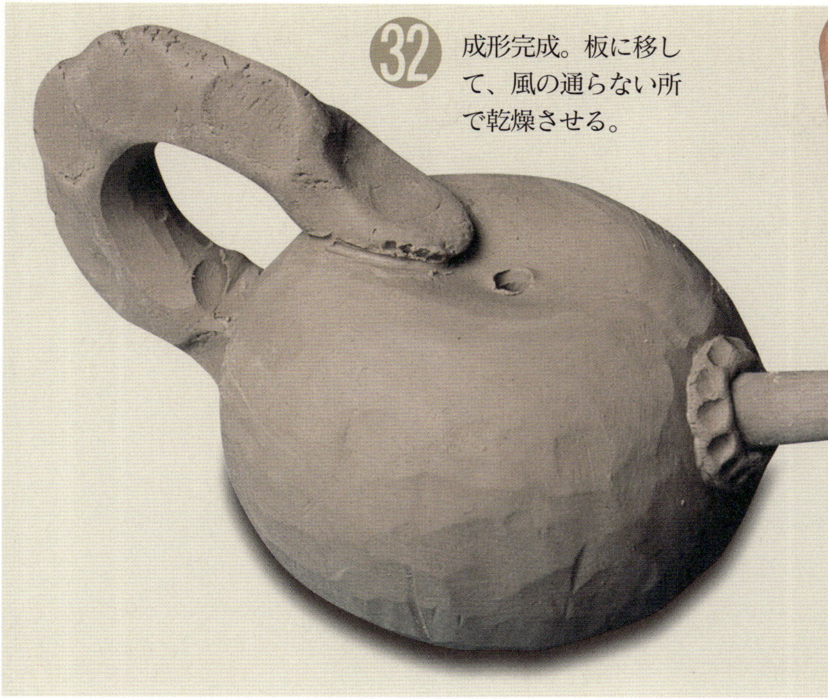

32 成形完成。板に移して、風の通らない所で乾燥させる。

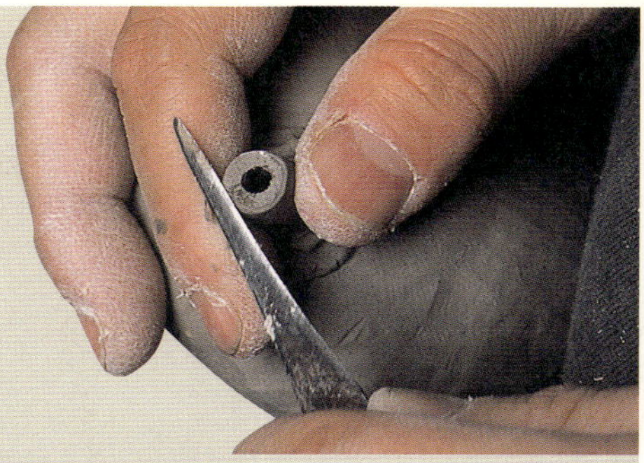

31 最後に注ぎ口をきれいにカットする。

●注ぎ口による水の出方

水滴は硯に水を注ぐための道具なので、勢いよく水が出る必要はなく、むしろ、注ぎ口から出た水は、水滴本体にまとわりついて、ボタボタ下に落ちるくらいの方が雅趣がある。図は丸形水滴の様子だが、他の形の作品も同じ出方をするものが多く、水滴の要素的な部分となっている。

角形水滴

角形水滴は型の取り方、落とし付きの注ぎ口の作り方がポイントとなる。

色絵角形水滴
(縦７×横９×高5.5)

「角形水滴」の下絵

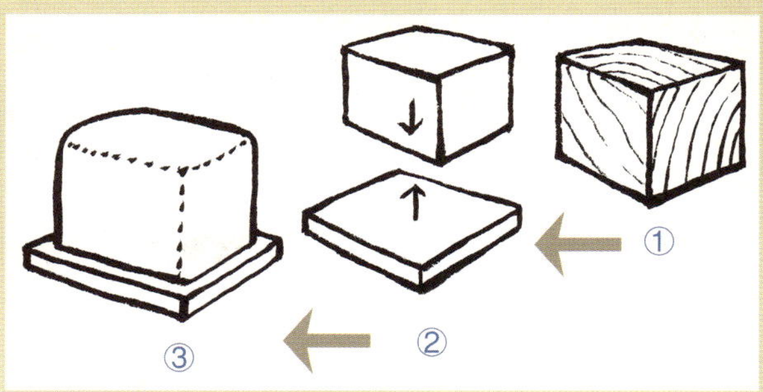

● 角形水滴の型の作り方

① まず、作りたい大きさの内寸（内側の大きさ）の寸法で木を加工する。例えば、外寸（外側の大きさ）が、縦5cm、横7cm、高さ5cmの水滴を作る時には、内寸は土の厚さを引いた大きさになる。土の厚さが約5mmとすると、内寸は、縦4cm、横6cm、高さ4cmの角木を作る。

② この角木に、外寸と同じ縦、横（5×7cm）の木を張る。板と角木の周囲5mmの幅が土の厚さになる。

③ 角木の角を軽く落して（丸くして）完成。

1 まず幅7cm、長さ30cm、厚さ6mmのタタラを作る。

2 木型に打ち粉をふる。打ち粉は長石粉末だが、後で土から型を離す時の剥離粉の役をする。打ち粉をしないと土離れが悪く、形くずれの原因になる。打ち粉は、ガーゼなどの目の粗い布にくるんで軽く打つ。

3 型にタタラを、ぐるっと、すき間なく巻きつけ、密着させる。写真では木製の型を使っているが、石膏で作った型でも技法的には変わりはない。

4 上部の余った土を型にかぶせてゆく。空気が残らないように指でならしながらかぶせる。

5 かぶせ終わったら上部を平らにする

6 かぶせ終わった状態。全体に丸みがあって、まだ、四方の角が出ていない。

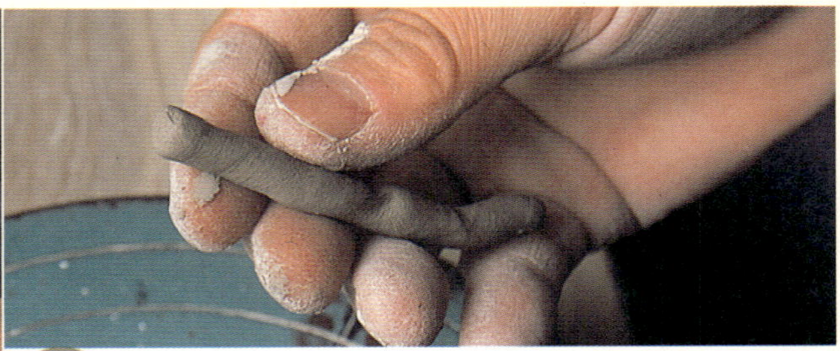

7 次に径１cm、長さ７cmの土ヒモを８本作る。

8 土ヒモを四方の角につけて、角を出していく。土が柔らかいのでノタはつけない。余分な土は取り去る。

9 角を出したらタタキ板で側面・上面を軽くたたいて、面を整える。

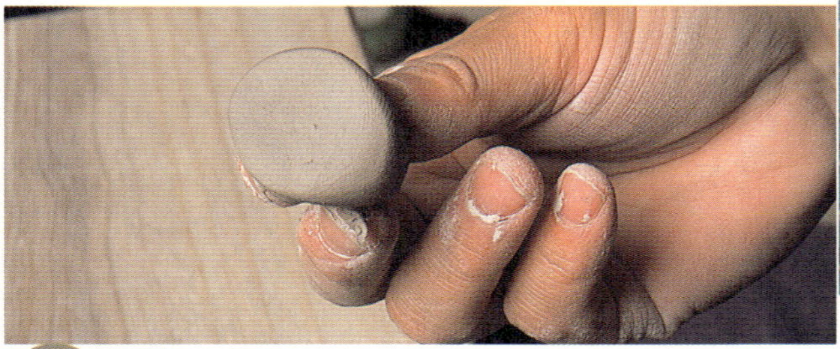

10 次に径２cmくらいの土玉を作り、片方を平らにする。

● 型の取り方（型成形）

① 型に打ち粉（長石粉末）を全体に振りかける。
② タタラを型に巻き付ける。
③ 上部の余ったタタラを型上部にかぶせる。
④ 型全体に土をかぶせる。
⑤ 四方の角に土を足して角出しをする。
⑥ 小さな土玉で側面を軽くたたき（押しつけ、引く）、土を型から浮かせる。
⑦ 型を土から取る。

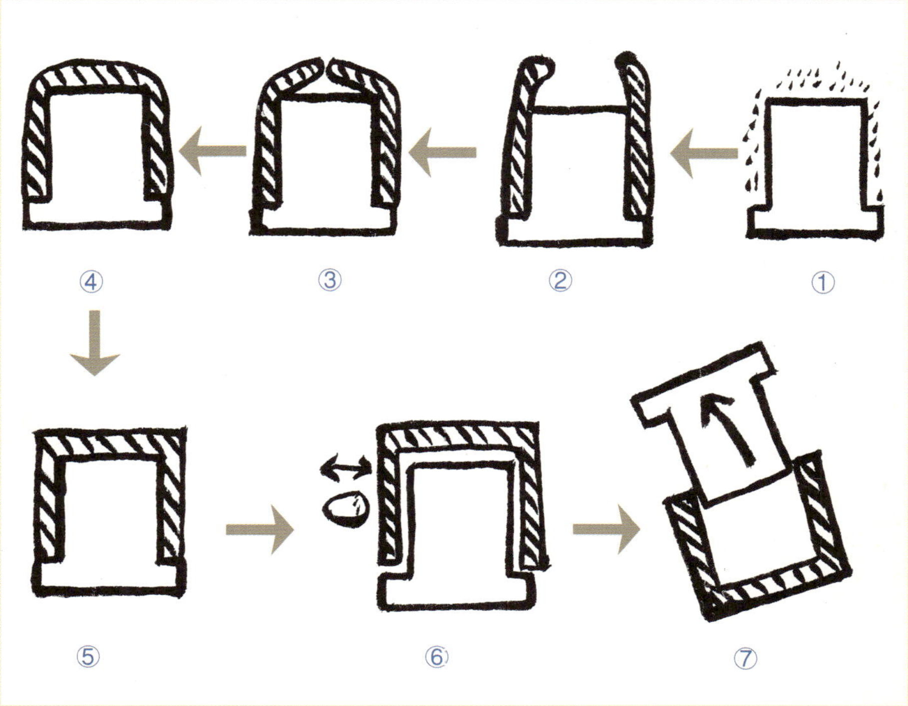

11 この土玉で、成形した土の側面全体を軽くたたき（押しつけ、引く）、土を浮かせる（ここまで工程は前頁イラスト参照）。

12 土が型から浮いたら、薄い紙（新聞紙など）をのせる。

13 紙の上に角板をのせ、ひっくり返して、型をぬき取る。形を整えて15～20分置く。

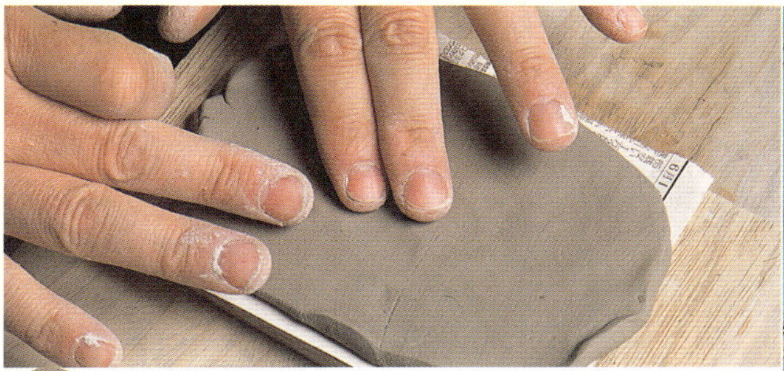

14 次に縦８cm、横10cm、厚さ７mmくらいのタタラを作り、紙をのせた角板の上におく。このタタラが底板となる。

15 型からぬいた本体と、タタラの底板。

16 本体の口縁にノタを塗る。

17 本体をひっくり返して、タタラの上にのせ、よく接着させる。中に空気が入っているので、少々の事では形はくずれない。

18 本体から４mm程離して、底板の余分な部分を切り取る。

19 本体の成形が完了。この状態で30分程置いて少し硬くする。

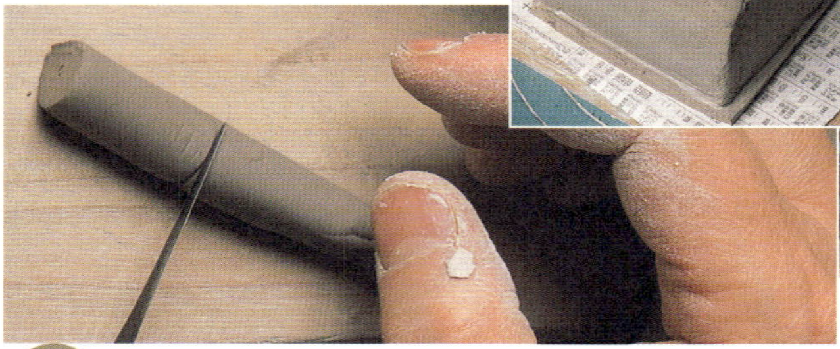

20 次に、落とし付き注ぎ口の土管を作る。この作り方は丸形水滴の注ぎ口と少し違うので注意してほしい。まず、径１cmの土ヒモを長さ３cmに切る。

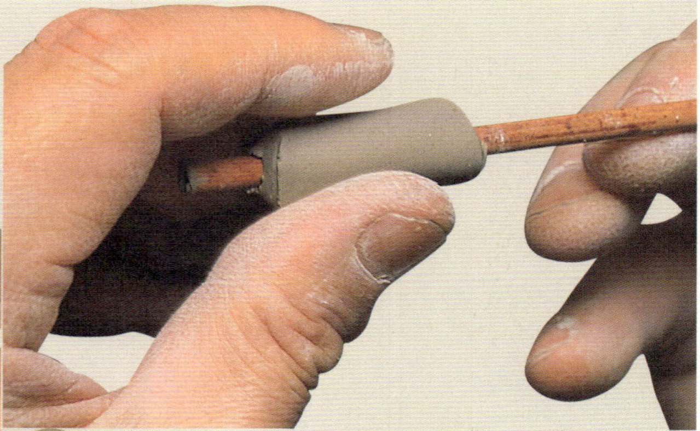

21 土ヒモの径の中央に、太さ３mmの棒を挿し入れる。棒の回りの土の厚さを均一にして引きぬく。長さ約4cm、厚さ約２mmの小さな土管になる。

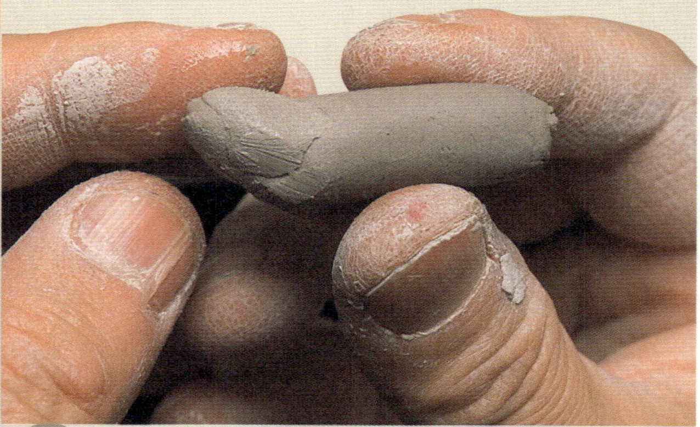

22 土管の片方をつまんで閉じる。閉じた部分を少し曲げて、先端を丸くする。この曲がった部分は、注ぎ口としてつけた時に、水の落としとしての役目をする。

23 土管の曲部の片側を削り落とす（ここまではイラスト参照）。

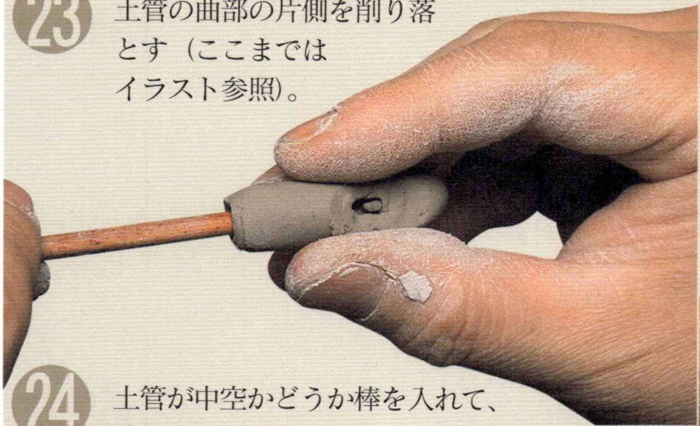

24 土管が中空かどうか棒を入れて、確認する。

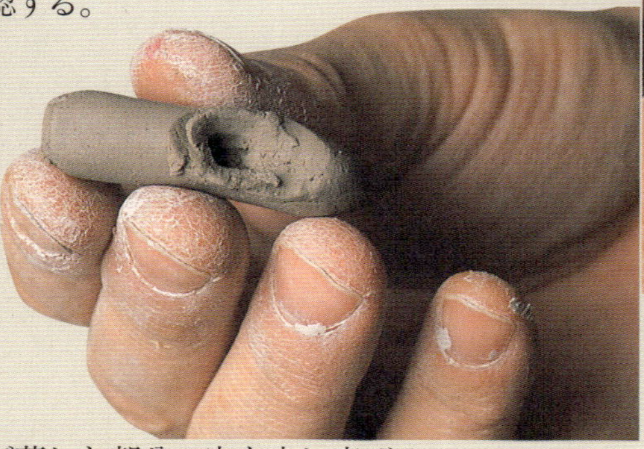

25 削ぎ落した部分の穴を少し広げる。

●落とし付き注ぎ口（土管）の作り方

① 土管を作る。
② 片方をつぶして、先端を丸くする。
③ 丸くした先端を曲げる。
④ 曲げた片側を削ぎ取る。
⑤ 本体にノタでつける。水は注ぎ口の曲部より落ちる。

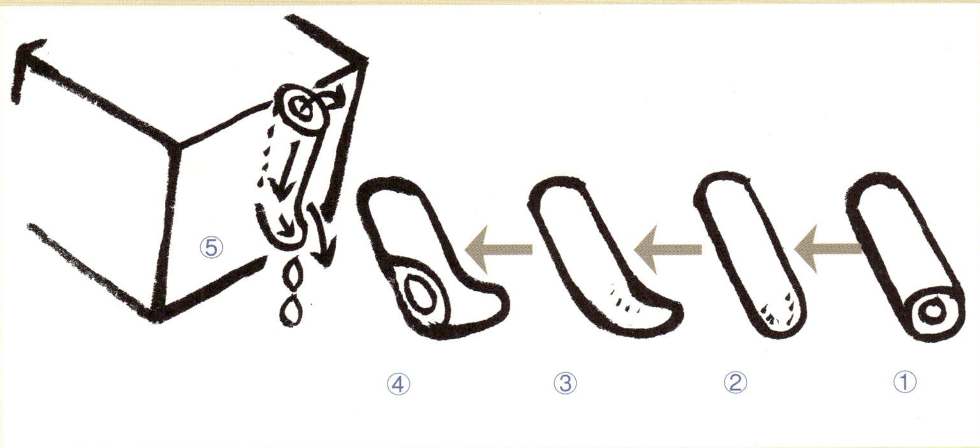

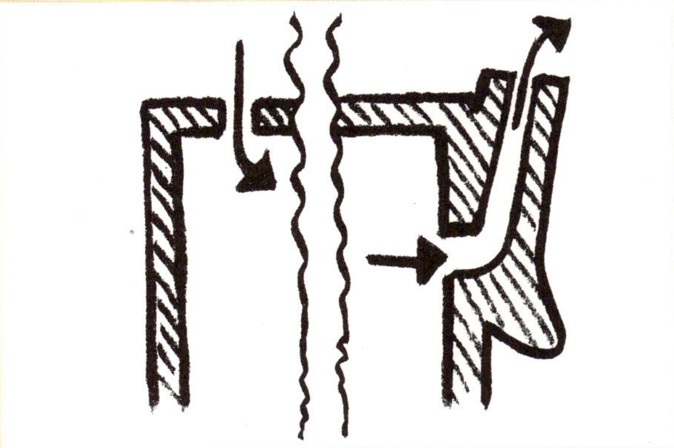

●落とし付き注ぎ口の断面

26 本体に空気穴と注ぎ口を開ける。径4mm。

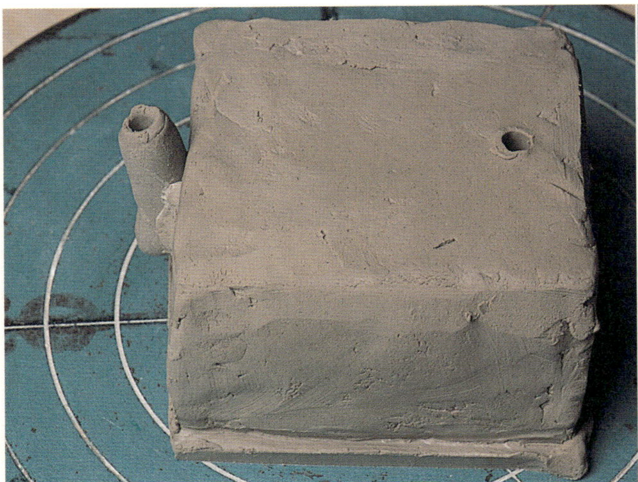

27 土管の曲部の穴にノタをつけて、注ぎ口の穴に合わせて接着する。

28 接着したら、注ぎ口から空気を入れて様子を見る（68頁「丸形水滴」の注ぎ口と空気穴の確認図参照）。この状態で3～5時間程置いてさらに硬くする。

29 硬くなった本体を削って角出しをして仕上げる。

30 底板は本体より２mm程出して削る。

31 注ぎ口や周辺を削ってきれいにする。カンナやヘラを使用。上部は少し曲面になるように削る。

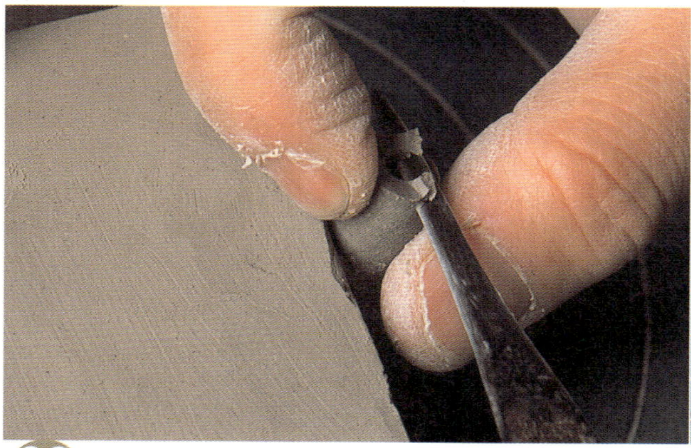

32 最後に注ぎ口をきれいにカットする。

33 成形完成。板に移して風の通らない所で乾燥させる。

［制作のコツ］

空気穴と注ぎ口の位置は、普通、空気穴は後方につけて、少し傾けた時（10〜15度）に、両方の口の位置が水平になるように作るが、形によっては、横につけたり、上の方につける場合もある。水の入れ方は、どちらの穴からでも良い。

【水滴の参考図案】

茄子形水滴

象形水滴

兎形水滴

河豚形水滴

柿形水滴

鯉形水滴

鴛鴦《おしどり》形水滴

桃形水滴

土瓶形水滴

蓮葉水滴碗と水匙

亀形水滴

乳瓶形水滴

六角形水滴

蓮座形水滴

筵目水滴

独楽形水滴

兜形水滴

家形水滴

坊主形水滴

円筒水滴

角形水滴

雪山形水滴

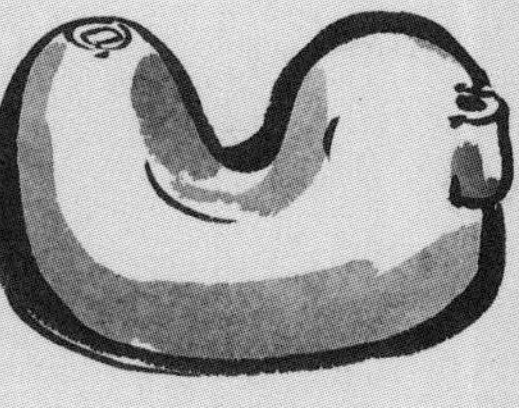
双子山形水滴

【水滴の参考作品】

染付山鳩形水滴（縦6×横12×高6.5）

染付水鳥形水滴（縦6×横10×高7.5）

色絵鴛鴦《おしどり》形水滴（縦6×横11.5×高7）

染付瓢形水滴（縦6×横8×高7）

染付茄子形水滴（縦6.5×横11×高5.5）

色絵雉形水滴（縦5×横13.5×高7）

染付亀形水滴（縦6.5×横9.5×高5）

色絵亀形水滴（縦7×横12×高5）

赤絵線文八角形水滴（径７×高4.5）

染付宝庫形水滴（縦8×横8×高6.5）

染付魚形水滴（縦6×横11.5×高5）

赤絵花文水滴（径7.5×高4.5）

赤絵兎文水滴（径7×高3.5）

赤絵動物文六角形水滴（径7×高5）

赤絵六角形水滴（縦7.5×横9×高4）

赤絵花兎文六角形水滴（縦7.5×横9×高4.5）

染付面取水滴（径8×高5.5）

染付花文角形水滴（縦6×横8×高5.5）

染付蓮池文角形水滴（縦7×横10×高6）

粉引赤絵花文角形水滴（縦7×横8.5×高6）

染付丸形水滴（径7×高5）

染付酔兎文水滴（径7×高7）

染付童子文水滴（径7.5×高5.5）

染付鳥文水滴（縦7×横11.5×高5.5）

染付石榴形水滴（縦8×横10×高7.5）

色絵紅葉文水滴（径9×高4.5）

赤絵石榴形水滴（縦8×横9×高8）

色絵桃形水滴（縦8.5×横9×高8）

染付桃形水滴　（縦8×横8×高8.5）

灰釉水滴（径8×高3.5）

灰釉柿形水滴（径8×高4.5）

灰釉竹根鈕水滴（縦6.5×横9×高9）

灰釉兜形水滴（径9×高6）

灰釉土瓶形水滴（縦8.5×横12.5×高8.5）

刷毛目象嵌水滴（縦9×横10×高4.5）

象嵌三島水滴（径8.5×高5）

粉引雪山形水滴（縦6.5×横10.5×高6.5）

刷毛目狐形水滴（縦7×横10×高7）

刷毛目水滴（径8.5×高9）

粉引赤絵鳥形水滴（縦7×横12×高7）

五、筆筒

筆筒《ひっとう》は複数の筆を立て置く道具だ。筆筒の高さ、径の幅などは、筆の長さや、入れる本数（10～20本）から見て、筒の深さは、11cm～14cm、内径は9cm～13cmくらいが使いやすい。

作り方としては、円筒や角筒の壷類の作りと変わらないが、筆を入れた時の重心などを考えて、安定感のある底部にする。又、側面に凹凸のある形や、口縁部にくびれのある形などは、筆が立ちにくいので避けた方が良い。

ここでは透かし彫りのある筆筒を制作してみる。本体の成形は、ヒモ作りで行い、透かし彫りは主に、先の長いナイフとL形カンナで行うので、土ヒモの取り扱いと、彫り道具の使い方が作業の中心となる。

透かし彫りの下絵の制作では、彫る部分と彫り残す所をよく作品の形に合わせて描き、下絵の文様全体に、つながりのある形にする事が必要だ。つながり（三、四ケ所）がないと切り落す事にもなりかねない。透かし彫りでは、大きな空間を持つ下絵を彫る事は難しいので気をつけたい。

染付葡萄透彫文筆筒
（径13.5×高13.5）

「葡萄透彫文筆筒」の下絵

葡萄透彫文筆筒

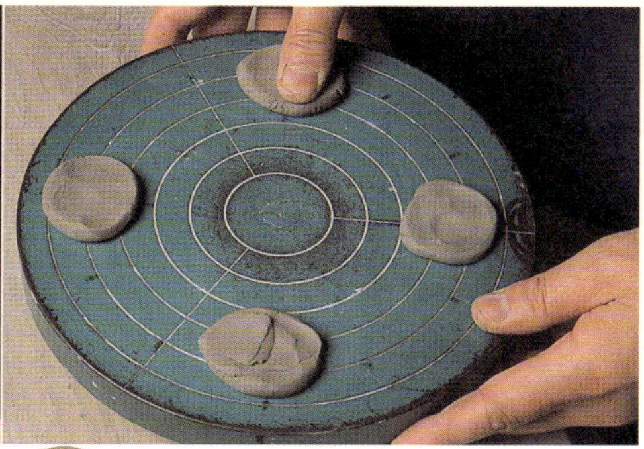

1 ロクロの四方に丸土を置いて、厚さを均一にして平らにつぶす。

2 ①の土の上にロクロの中心に合わせて角板をのせ、上からたたいて固定させる。

3 350ｇの土を、厚さ約1cmの丸いタタラにして、板の中心に合わせてのせる。15%定規で、径14cmに丸く印をつけて、余分な周囲の土を切り取る。これが底板となる。写真は切り取る前の状態。

4 切り取った土の周囲のフチを軽くつまんで立ち上げる。

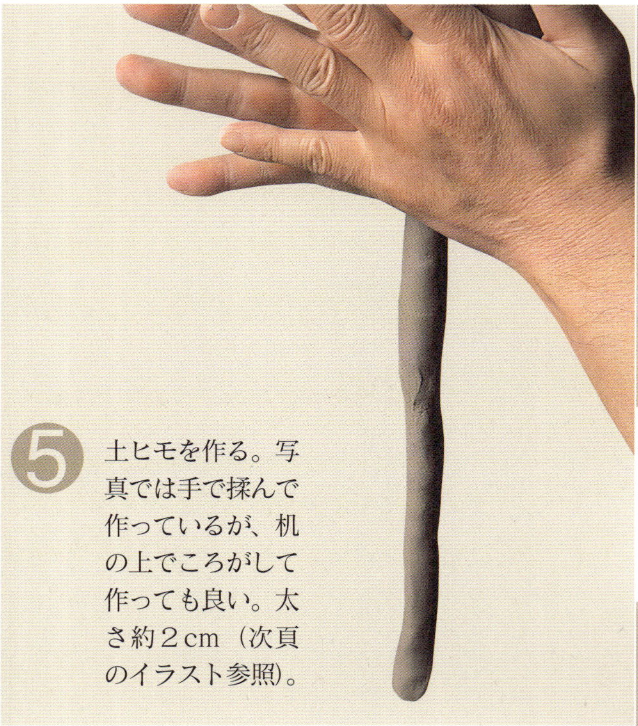

5 土ヒモを作る。写真では手で揉んで作っているが、机の上でころがして作っても良い。太さ約2cm（次頁のイラスト参照）。

●土ヒモの作り方

① テニスボール（小）くらいの土塊を作る。

② まず、両手で、手の平の部分と指全体を使って、丸土を前後に動かして、土の下をすぼめる。

③ 両手を前後、右上、左上など手の動き全体を使って、土を下に押し出してヒモにしていく。はじめは、きれいなヒモにならないが、太さと長さが調節できるまで、繰り返しやってみる事が大切だ。

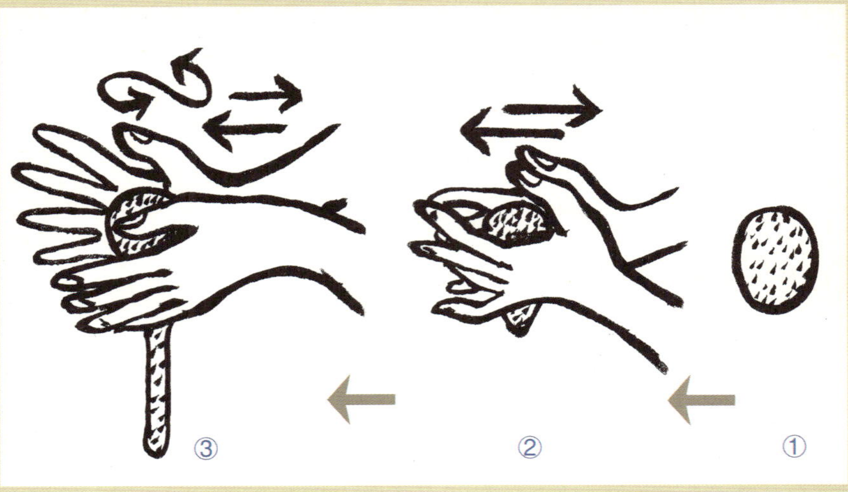

6 まず最初は底板に土ヒモを一周させて、よくつけておく。ヒモ作りは使う土が柔らかいので、ノタは使わない。

7 一周目をつけた状態。この形がヒモ作りの土台となる。

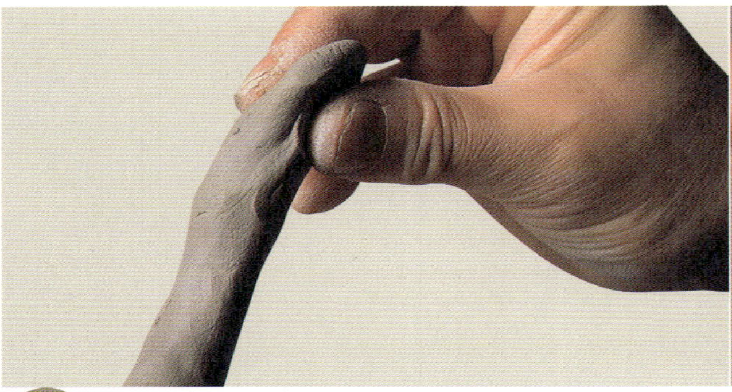

8 土ヒモの長さは成形する作品にもよるが、この筆筒では一回転（一周）と少しの目安で作る。まずヒモの片方の端を軽くつぶす。

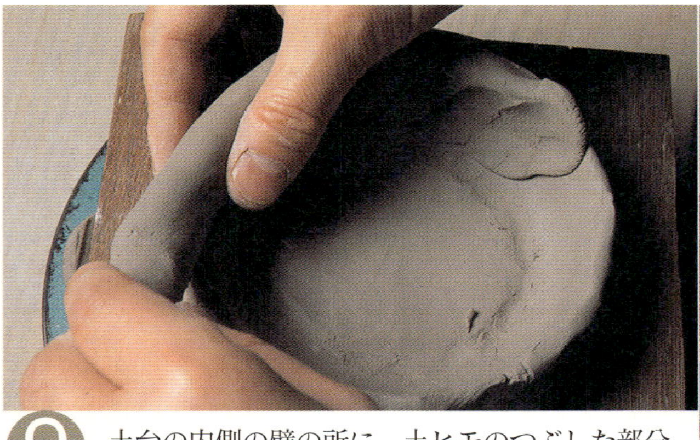

9 土台の内側の壁の所に、土ヒモのつぶした部分をよくつける。続けて土ヒモを親指で圧迫するように下に動かしながらつける。人差し指、中指、薬指は外側から当ててやり、土が広がらないようにする。ロクロはゆっくり回転する。

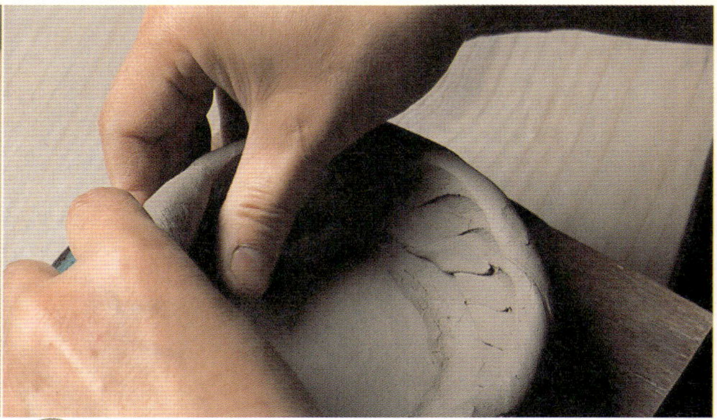

⑩ 土ヒモを⑨と同じ調子でつけてゆく。この筆筒は透かし彫りが入るので約1cmの厚さにする。

⑪ 一段目が終わったら、ヒモの終わりを軽くつぶしておく。その上からまた⑨のようにして、つぶしたヒモの部分が重なり合うようにして、二本目をつけてゆく。この作業の繰り返しで目的の高さまで持ってゆく。

⑫ 三段か四段を積み上げたら、内側を指でならしてきれいにする。

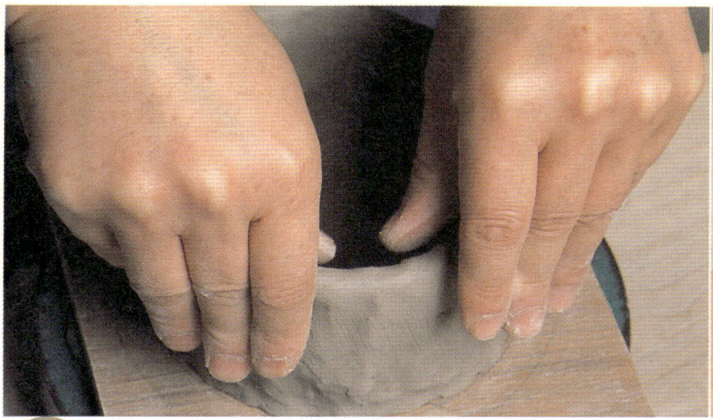

⑬ 土ヒモを積み上げる内に、形が広がったり、歪みが出たら、修正しながら立ち上げてゆく。又、厚さも調節していく。

⑭ 外側の凹凸や積み上げた接着面をならしていく。主に、親指を上から下に動かしてならす。

⑮ だいたいの成形が出来た状態。最後の一本をつける。高さは上部を弓で平らにするので、1cm程高く作っておく。

16 全体に歪みや凹凸があれば両手や、写真のように長ゴテを中に入れて、タタキ板で軽くたたいて修正しても良い。あまり強くたたくと広がるので注意してほしい。

17 弓形シッピキで口縁部を平らに切りそろえる。弓形シッピキは同じ位置にして、ロクロを回して切る。

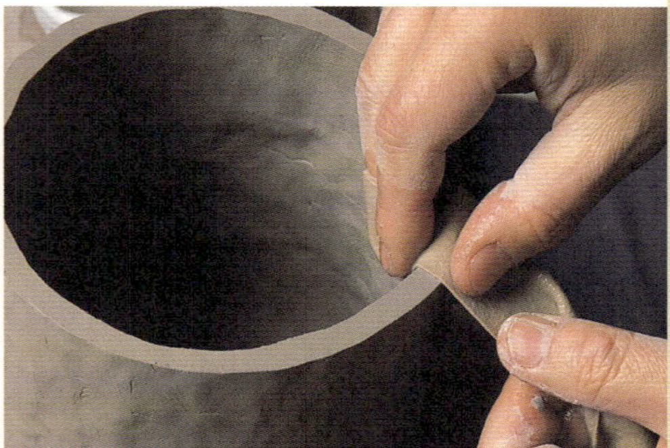

18 濡れた鹿皮で口縁部を滑らかにする。

● ヒモ作り成形

① ヒモ作りの手の形と断面。成形する手の親指は、土ヒモを、下の土に、ねじりつけるように、下方に動かしてつける。この時、土ヒモは、ただ下の土の上についているのではなく、ヒモの半分は、下の土と重なり合うように、親指で落とすようにつける。こうする事で、より強固にヒモ作りが出来る。

② 土ヒモと土ヒモの重なり合い。土ヒモと土ヒモは、ただ重なっているのではなく、半分程が重なり合ってついている。

● 透かし彫りの下絵と彫り

透かし彫りの下絵や下描きでは、文様と文様の間は必ず三、四ケ所以上は繋がらせて描く。本書では葡萄文様を彫ったが、他の具象、幾何文様なども同様と考えてほしい。

19 成形の完了。この状態で１時間程おいて、シッピキで角板から切り離す。他の板に移した後、さらに３時間程置く。

20 赤インクで下描きをする。これからの作業は彫刻が中心になるので、作業がやりやすいように、ロクロは高さのあるものに変える。もしなければ、平形ロクロの下に台をおいて20cmくらい高くなるようにする（写真は立形ロクロに変えている）。

21 まず、錐《きり》形ナイフで下絵に線をつける。

22 透かし彫りのはじめは、下描きの線の文様以外の外側をくりぬいていく。下絵は文様全体がどこかでつながっている。透かし彫りは、文様が三ケ所か四ケ所でつながらないと彫り落してしまう。ちょうど切り絵とよく似ている。彫り道具は両刃形の鶴嘴《つるはし》形ナイフなどの、先の細い長い刃物を切り回して使う。線の周囲に切り込みを入れて、手前に土を引き出して彫る。

● 筆筒の透かし彫りの高さ

筆筒の透かし彫りは、作品の高さを成形時より、20cm程上げて行う。ちょうど胸と肩の間くらいで作業をすると彫り易い。図では、立形ロクロに変えているが、平形ロクロの場合は、下に台や置物をして高くする。

23 大きな削りはカンナを使うが、まだそれほど硬くないので注意して彫る。

24 大きな形が彫り上がった状態。この状態で、さらに５時間程置いて硬くする。

25 硬くなったら、つるのからみつきや、細かい凹凸を彫りこんでゆく。この時、彫り奥の裏面に近い部分を彫って広げていく（次頁のイラスト参照）。

26 彫った角や、つるの曲線に丸みをつけてゆく。

27 裏から見た状態。ケバが出ている事がわかる。

29 曲がりカンナで、裏のケバを落して、裏面の仕上げをする。

28 口縁部や底部の線を彫ってゆく。

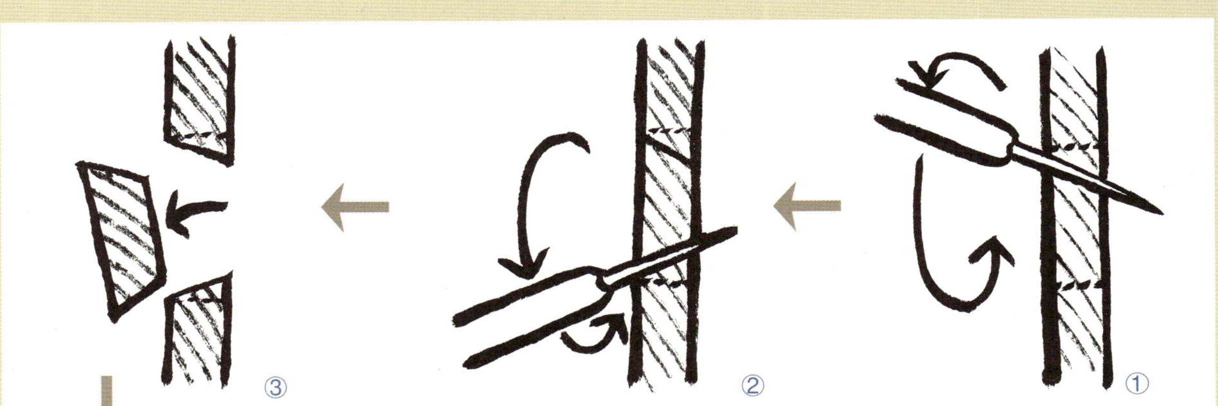

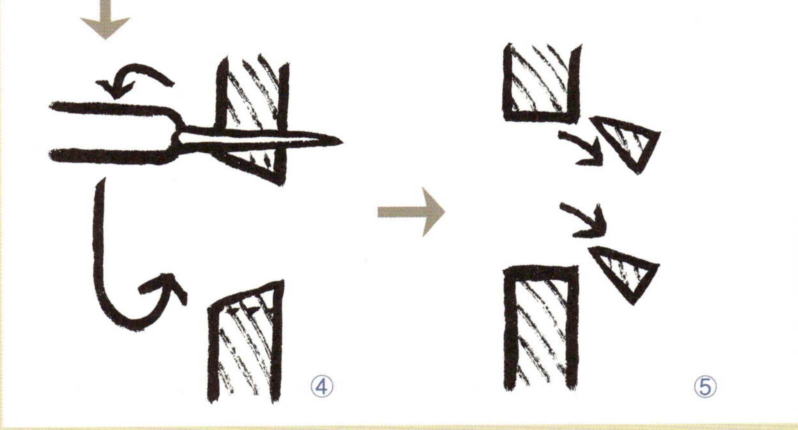

● 透かし彫りの刀の使い方

① 文様の線の外側から、刃が少し内側に出るまで斜めに刺し入れる。
② 土をえぐり取るように、線に沿って刀を切り回す。ゆっくりで良い。
③ 土が台形に抜け落ちる。刀で突き取っても良い。
④ 文様の線に直角に刀を入れる。奥の裏面を広げるような感じでする。
⑤ ナイフを軽く切り回して、内側の狭くなった土を切り取る。

30 全体に様子を見て、仕上げていく。細かな浮き彫りも加えて、より立体的に彫っていく。

31 錐形ナイフで、細部や奥まった部分を整えていく。全体の流れや凹凸に気をつけて仕上げていく。

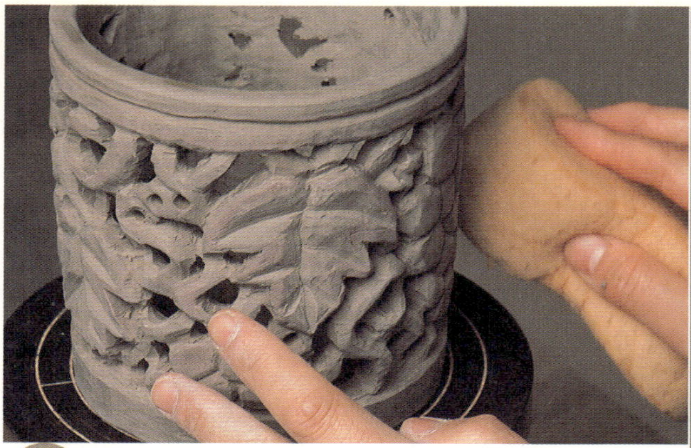

32 彫り終えたら、濡れたスポンジで軽く全面を拭く。

33 成形完成。ゆっくりと乾燥させる。

[制作のコツ]

透かし彫りの面白さは、くりぬいた部分の文様を、さらに浮き彫りにして、より、立体的に見せることにある。道具全体を使うために、前もってよく手入れをしたものを使う事が必要だ。

【筆筒の参考図案】

刷毛立付筆筒

円柱筆筒

透彫童子文筆筒

六角筆筒

透彫六角文筆筒

透彫四方足付筆筒

削入筆筒

篦目筆筒

三島手筆筒

双管筆筒

耳付筆筒

手付筆筒

角柱筆筒

【筆筒の参考作品】

刷毛目龍童子透彫筆筒（径12.5×高14.5）

染付蔦透彫筆筒（径14×高14.5）

染付亀甲透彫筆筒（径14×高16.5）

染付蔦《つた》透彫角筆筒
（縦14.5×横14.5×高15）

染付亀甲透彫角筆筒（縦15×横15×高17）

染付削入筆筒（径12.5×高13）

色絵獅子耳蓮池文筆筒（径14.5×高13）

色絵花文筆筒（径15×高14）

色絵花文角筆筒（縦12×横12×高14）

染付童子付虎文筆筒（径14.5×高18）

染付幾何童子文筆筒（径14×高14.5）

染付人物幾何文六角筆筒（径14×高13.5）

六、印泥入

印泥入《いんでいいれ》は、印肉を入れる小形の平蓋物。合子《ごうす》*。形は香合や、食籠《じきろう》*と似ているが、印面に朱肉をつける道具なので、底は大きく安定した形にする。朱肉は、朱（硫化水銀）とトウゴマ油（ヒマシ油）を綿と一緒に練り合わせた、一種の油性顔料なので、吸油性（吸水性）のない土で作る。さくい土*で作ると、油がさして机上や紙を汚す原因ともなる。吸水性のない磁器質の土で成形する。

本書で制作する印泥入は、蓋の上面に椿花のレリーフ（浮き彫り）を施してみる。香合のような小物の蓋物は、土の塊をふたつ割りにして彫り出す事も多いが、ここではタタラおこしと手びねりで成形してみたい。

*合子＝蓋、身が同径で縁が直立した平円筒蓋物。
*食籠＝食物や料理を入れる蓋のついた器。
*さくい土＝ゴトマキ土などの、ざんぐりした土。土の風合はあるが、焼成後も水がさして、漏水が多々見うけられる土。

赤絵椿彫文印泥入
（径9×高6）

「椿彫文印泥入」の下絵

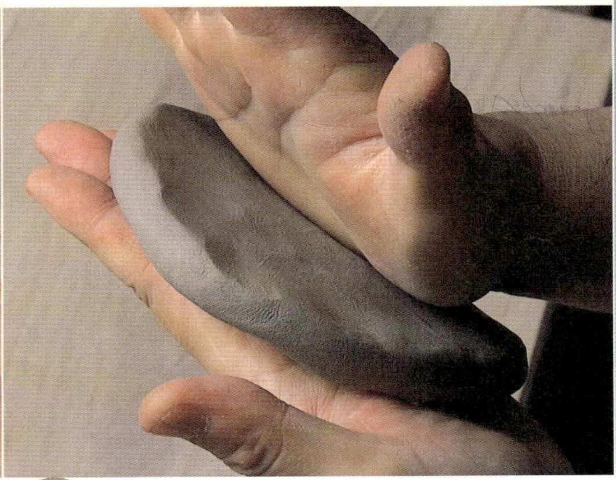

1 350ｇの土を玉取りして、平らにのばす。この時、土の回りは少し厚くしておく。回りの厚さ約１cmの丸板のタタラにする。

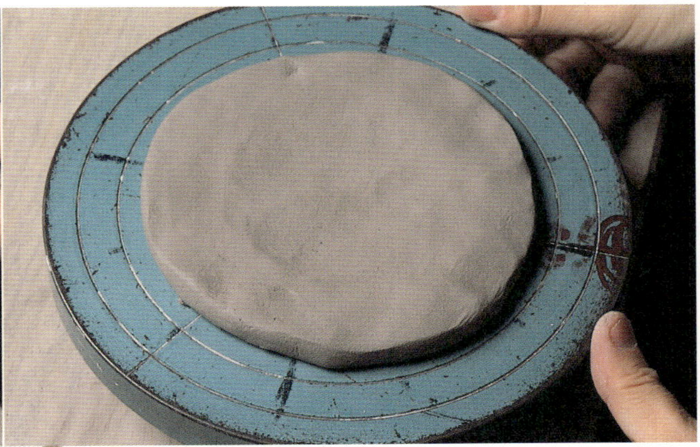

2 ロクロの中心に置く。

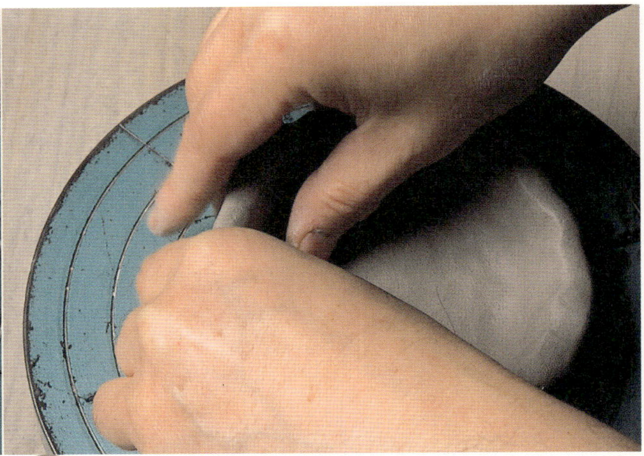

3 土を3.5cm立ち上げるが、上げる土は、ロクロに垂直になるように作る。

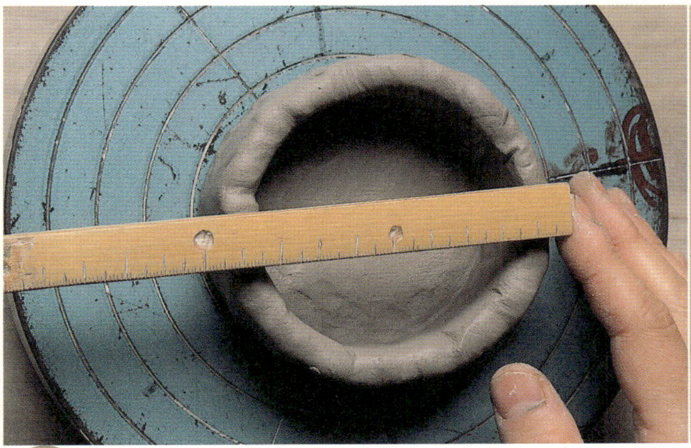

4 立ち上げた状態。15%定規で外径9.5cmになるようにする。底は内側もベタ底にしておく。

5 ロクロをゆっくり回しながら、タタキ板で上面を水平にたたいて高さ2.5cmにする。

6 フチの厚さ約1.5cmの平鉢形になる。

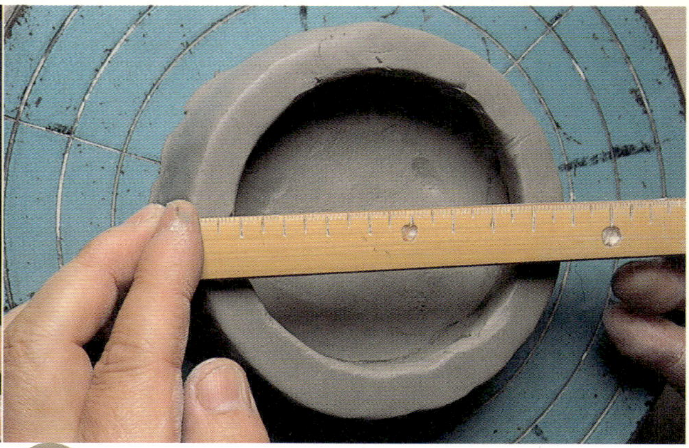

7 指で口縁部をならして外径９cmにする。

8 シッピキでロクロから切り離して、石膏板の上に２時間程置いて硬くする。

9 次に蓋を作る。やはり350ｇの土を玉取りして、平らにのばしてロクロに置く。厚さ１cm。この時、土の周囲２cmの部分を手の平でたたいて少し薄くする。

10 土を3.5～４cm立ち上げる。やり方は③と同じ。径は15%定規で外径９cmにする。

11 高さ３～3.5cmにして弓形シッピキで水平に切り取る。

12 指で切り口を整える。15%定規でやはり外径９cmにする。厚さは５～６mm。

13 シッピキで切り離して、石膏板の上に置いて硬くする。本体より土が薄いので約１時間置く。

14 次に本体部分にカツラ*を作る。本体の厚い部分を内側に６mm程残して、掻きカンナで削り落す。深さは５mm程にする。

15 指でカツラを整える。少し内側に向くようにならす。

16 カツラ回りや、側面、内側をカンナで整える。

● カツラ
蓋と本体の重なり合う、合わせ目の部分で、蓋がずれたり、落ちたりする事を防ぐ。錠作り。

17 本体の成形が完了。板に移し、なるべく乾燥しない所におく。ラップをかけても良い。

18 次に蓋の側面や内側をカンナで削って整える。

19 蓋の上部の中程を親指で少し上げる。少し硬くなっているのでゆっくり行う。５mm程持ち上げれば良い。

20 蓋上部や全体をカンナで整える。蓋の成形完了。

21 本体と蓋を合わせて、３時間程置いてさらに硬くする。

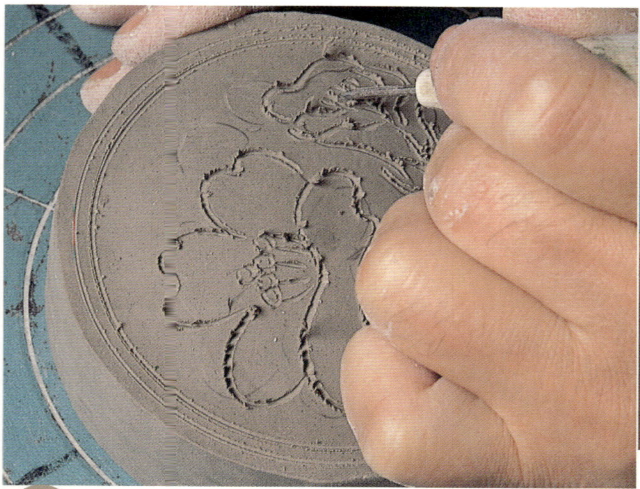

22 次に蓋の浮き彫りに入る。まず下描きをして錐で線を入れる。

23 蓋が動かないように、四方を丸土で固定する。

24 浮き彫りをする前に、回りのフチや側面を、下描きに合わせて削っておく。カンナを使用。

25 彫刻刀の三角刀で、文様の線の外側から彫ってゆく。深さは約1mm～1.5mm。

26 平刀や平カンナを使って、文様をより浮き上がらせるように彫ってゆく。

27 細かい彫りは錐や、丸刀などを使って彫る。彫りの深さに深浅をつけて、より立体的に彫っていく。

28 回りに三角刀で彫り線を入れて、装飾をする。

30 成形が完成して乾燥させる場合には、必ず本体と蓋を合わせて行う。

29 本体も蓋に合わせて側面の線彫りなどをする。側面の裏側も彫って内部を広げる。厚さは７～８㎜。

31 成形が完成。ゆっくり乾燥させる。急な乾燥は蓋がひずむ原因となる。

［制作のコツ］

乾燥後に、本体と蓋とにガタつきがある場合には、両方の凸の部分に120番くらいのサンドペーパーをかけて平らにする。

【印泥入の参考図案】

丸形印泥入

撫四方印泥入

鐘形印泥入

人物鈕印泥入

亀紐四方印泥入

鳥鈕印泥入

浮彫花文印泥入

六角形印泥入

盛甲形印泥入

四方印泥入

蔦葉形印泥入

瓢形印泥入

【印泥入の参考作品】

色絵鳥鈕印泥入（径7.5×高7.5）

染付鳥鈕印泥入（径8×高8）

染付兎浮彫印泥入（径10×高6）

染付木菟《みみずく》文四方印泥入（縦9.5×横9.5×高6）

染付蓮池浮彫印泥入（径9×高4.5）

象嵌三島手印泥入（径8.5×高4.5）

赤絵木莵文六角印泥入（縦9×横10×高4）

赤絵木根鈕印泥入（径8.5×高7.5）

赤絵兎文印泥入（径19.5×高4.5）

色絵花文印泥入（径8×高4）

色絵紅葉文印泥入（径10×高7）

赤絵蓮池浮彫印泥入（径10×高5）

赤絵麒麟文印泥入（径10×高5.5）

赤絵花浮彫印泥入（径9×高4.5）

七、陶印

印は、署名印や、落款を指す。主に作品の署名と一緒に捺すために作るが、彫り方に、陽刻と陰刻*のふたつがある。

印の大きさや形も大小作っておくと、作品の大きさに合わせて捺す事が出来て便利だ。又、署名印から離れて、自分の好きな文字や文様を彫り込み、遊印にする事も楽しい。

陶印《とういん》を作る時に、最も注意深く作業する部分は、印表面の彫り方にある。彫り文字や、文様の美しさの他、印としての品格も必要になるので、彫りまでは十分熟慮して考えて、彫る時は、ためらう事なく一気に彫り進めるようにする。ここでは「一塵含法界」*の中の「一塵《いちじん》」を印にしてみたい。尚、陶印の表面は無釉（土みせ）にする。焼成後は表面にサンドペーパーをかけて仕上げをする。

*陽刻と陰刻＝陽刻は文字の回りを彫って、文字を浮き上がらせる。陰刻は文字の部分を彫る。印を捺すと、陽刻の文字は朱肉の色になり、陰刻は白ぬきになる。

*「一塵含法界」－塵ひとつにも、無限の現象や世界がある。

色絵陶印「一塵」（縦３×横3.5×高4.5）

1 作る陶印の大きさや長さを考えて、土を玉取る。

2 まず、土を俵形にして、片方を作業台に押し当て、軽くたたいて平らにする。この平らな面が印面になるので丁寧に形を整えていく。印の長さは、印面の径の約1.5倍くらいにする。この状態で半日ほど置いて硬くする。完全乾燥はしない。

陶印「一塵」の捺印見本
（印影の実寸は３×3.5cm）

陶印「一塵」

3 硬くなった土の周囲を、印面と約80度角になるように周囲を角出しをする。この時に印の大きさ、形を決める。

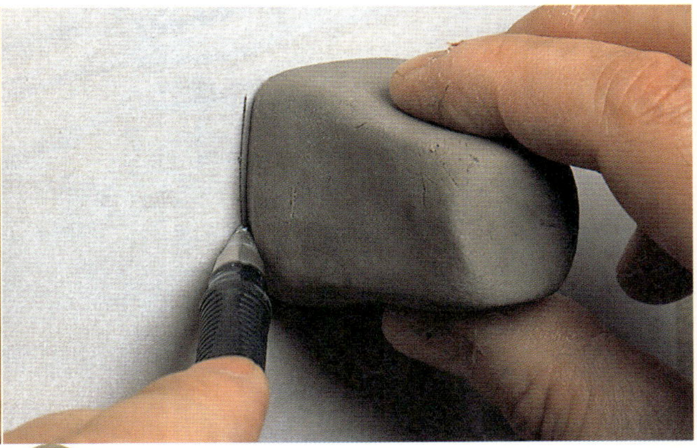

4 トレーシングペーパーの上に印面を乗せて、印の輪郭をボールペンで書き取る。

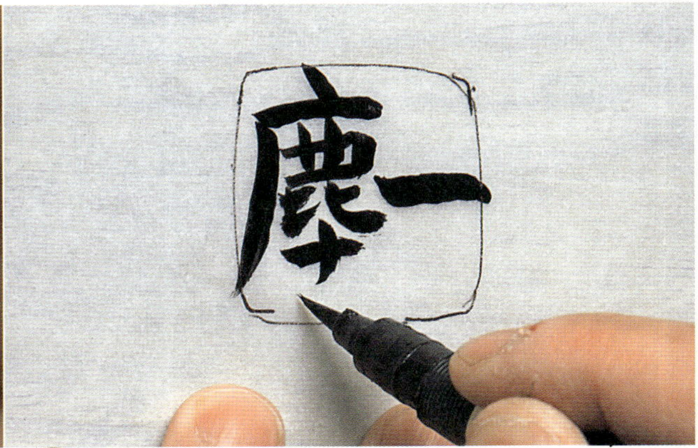

5 書き取った印の輪郭の中に、筆ペンなどで印にする文字などを書き込む（この印は陽刻に彫る）。

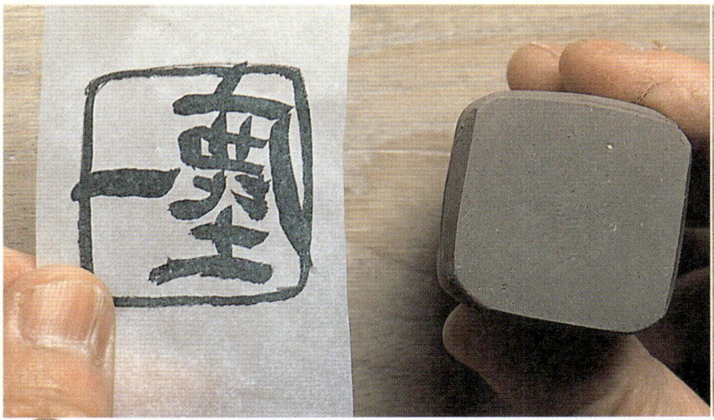

6 トレーシングペーパーを、文字の上下３cm、左右１cmくらい残して切り取る。文字を反転（裏返し）して、印面に正確に合わせる。

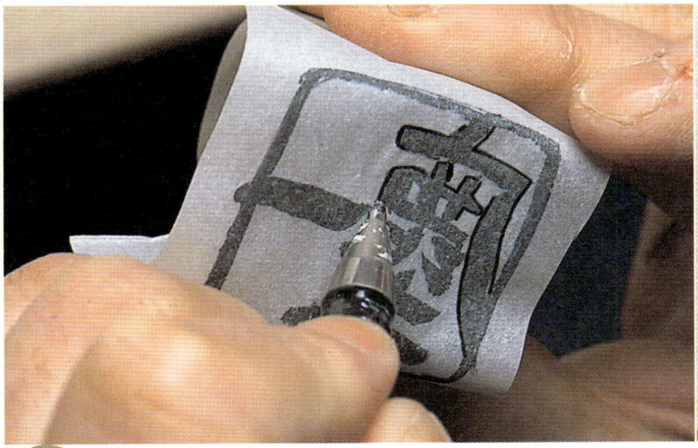

7 印面と文字とを合わせたら、トレーシングペーパーの上下を折って、印にしっかり固定して持ち、ボールペンで文字の輪郭をなぞる。あまり力を入れてなぞる必要はない。

8 印面に文字が反転して写し出された所。

9 印面に写し出された文字の中に墨入れをする。

10 彫りは、まず大きめの平刀で、文字や周囲の線以外の所を、大きく落としていく。

11 次に、小形の平刀や錐形ナイフを使って、文字や線の周囲を慎重に彫り進める。彫りの深さは1～1.5mm。

12 一通り全体の彫りが出来たら、スタンプインキなどを使って、紙に押して、彫りの具合を見る。筆ペンで印表面を塗って押しても良い。この状態で1時間程置いて硬くする。

13 さらに、印刀*や錐形ナイフを使って細部の彫りや、線の調子、文字全体の荒れ具合*などを見ながら彫り進める。

＊印刀＝刃の先端が鑿《のみ》状になっている刃物。市販もされているが、作る事も出来る。
＊荒れ具合＝文字や線は、あまりきれいに彫るよりも、少し荒れた感じの方が、印として使いやすい。印全体を見ながら、乱れないように荒らしていく。

14 完成。印を立てて乾燥させる。

【陶印の参考図案】

山形印

雲形鈕角印

栄螺《さざえ》鈕印

獅子鈕角印

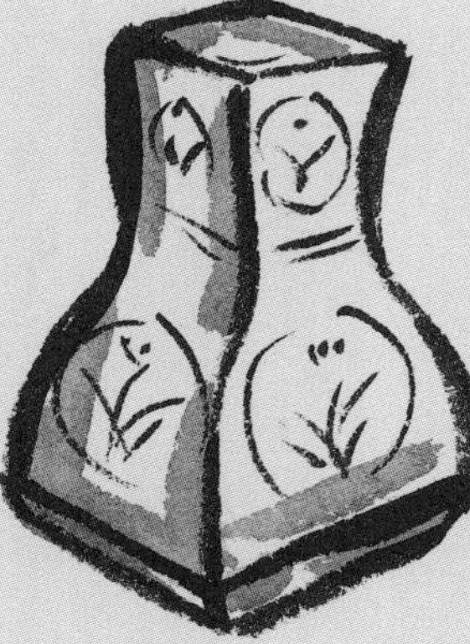

笏《しゃく》形印

瓜鈕印

砧形丸印

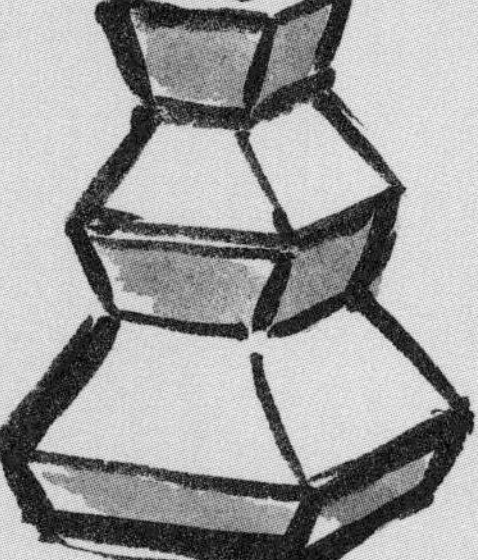

仏塔形角印

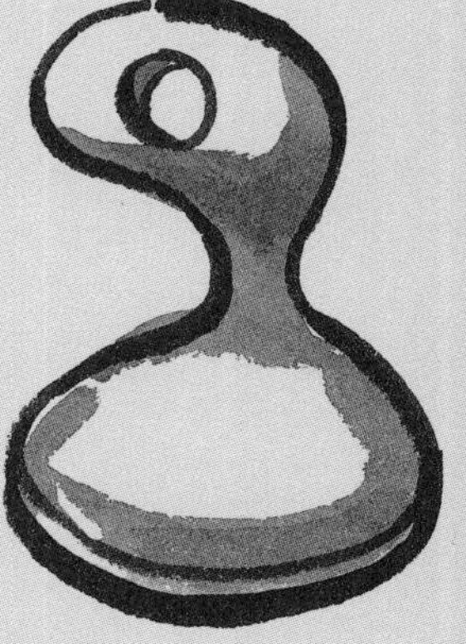

綱具《つなぐ》形印

四方柱形角印

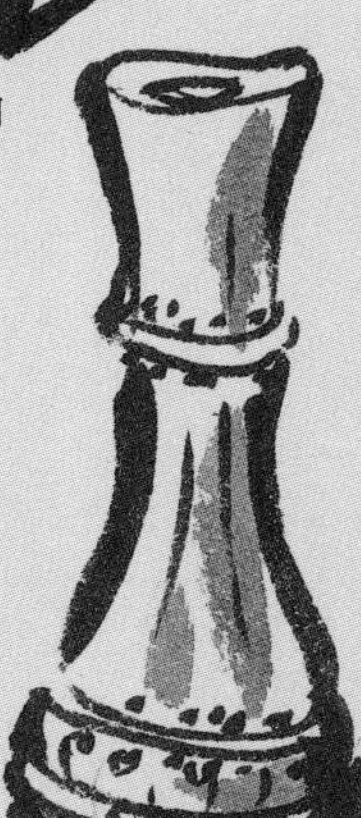

竹根形印

箆目丸印

【陶印の参考作品】

竹根形、山形、角形などに染付、赤絵、織部を施した作品。

❶ 染付竹根形陶印　❷ 織部削入陶印　❸ 赤絵帽子形陶印
❹ 赤絵線文陶印　❺ 染付山水文陶印　❻ 色絵花文陶印
❼ 織部竹根形陶印　❽ 織部篦目入陶印　❾ 色絵山水文陶印
❿ 赤絵花文長角陶印　⓫ 織部分銅形陶印　⓬ 染付篦目入陶印
⓭ 藁白釉山形陶印　⓮ 織部撥形陶印　⓯ 染付幾何文陶印

【印面の参考作品】

去来

雅俗即応

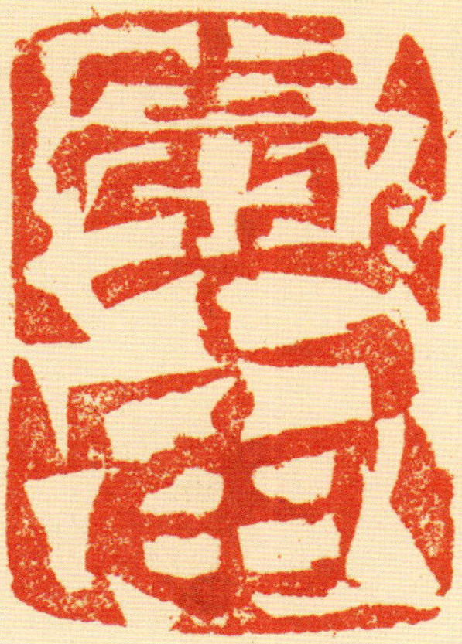

壷宙

工尽数極

月

兎

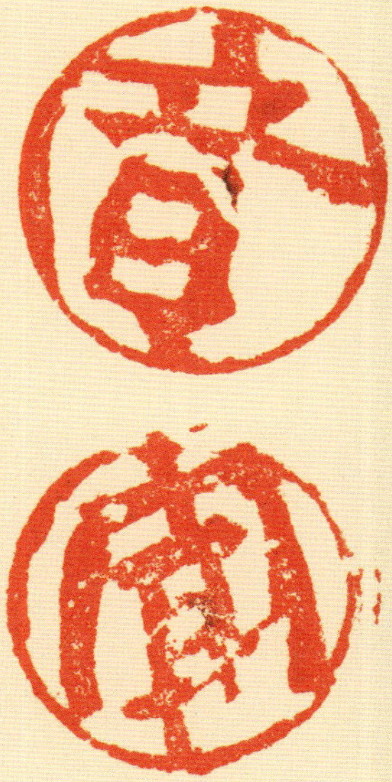

音・聞

和

艶中

空中

迷

千目万目

満天星

満天

多捨多聞

山桜

花印（陽刻・陰刻）

土喰

竹林

山水

幽

緑風

刻想

無用ノ用

浄識稽古

一塵（陰刻）

春夢

一塵（陽刻）

遊塵

不・動・明・王

木菟

林

あとがき

現在、私の住んでいる浜名湖周辺では、古代の埋蔵品が数多く発掘されている。壷や鉢類、祭礼用の品々が、所によってはザクザクと言ってもいいくらいのようだ。中でも土師器や須恵器のほとんどは、手づくねの技法で作られている。大壷の裏側には、ヒモ作りのタタキ痕である海波文様が見られるし、高杯の作りでも、玉取りの皿とヒモ作りの足を合わせた技法もあって興味深い。現代でも、作家によってはこの方法で、大壷や茶碗を作るのだから、全く今も昔も変わらない。発掘品をよく見ると、技術の伝統が連綿と続いている様子がわかり、古代の陶工の気持ちや姿を理解した様な気持がして面白い。

本書では、文房具制作を通して、手づくねの技法を解説したが、この技法により作陶がより身近なものになり、これからの皆様の作品作りに役立てれば著者としてこれ以上の幸せはない。

今回も、撮影を担当して戴いた荒川健一氏、日貿出版社の水野渥社長、編集の緑川直子氏はじめ御協力戴いた全ての皆様に心より御礼と感謝を捧げます。

林《はやし》　和一《わいち》［版画家、陶芸家］

1951年　静岡県生まれ
1974年　金沢市立美術工芸大学日本画科卒
1975年　日本版画協会展新人賞受賞・春陽会展新人賞受賞
1976年　現代美術選抜展（文化庁）
1979年　ブラッド・フォード・ビエンナーレ（イギリス）
1982、83年　民話シリーズ版画（挿絵）［読売新聞社］
1983年　日本の四季・木版画と陶磁器個展
1984年　『木版画の楽しみ』笹島喜平氏と共著［講談社］
1988年　『初歩からの木版画』［土屋書房］
1984〜88年　瀬戸市赤津焼　窯元勤務
1989年　静岡県細江町にて「想和窯」築窯
1997年　『陶芸の絵付入門』［日貿出版社］
1999年　『陶芸の絵付デザイン』［日貿出版社］
現在、春陽会会員、日本美術家連盟会員

〈手づくね技法〉のすべて
陶芸《とうげい》の文房具《ぶんぼうぐ》
●定価はカバーに表示してあります

2002年7月10日　初版発行

著　者　林《はやし》　和一《わいち》
発行者　水野　　渥
発行所　株式会社日貿出版社
東京都千代田区猿楽町1-2-2　日貿ビル内　〒101-0064
電話　営業・総務(03)3295-8411／編集(03)3295-8414
FAX　(03)3295-8416
振替　00180-3-18495

印刷　壮光舎印刷株式会社
撮影　荒川健一／装幀・レイアウト　株式会社ノリック

ISBN4-8170-8064 http://www.nichibou.co.jp/

◆林和一の楽しい陶芸関連書・好評発売中！

陶芸の絵付入門

B5・一六六頁　本体二、五〇〇円

親しみ深い藍色の染付を主に、織部、赤絵を併せ、釉薬や道具、文様、絵付・施釉法などを多くの図版と写真で紹介。毛筆書きの絵柄・文様集も収め、初心者や作陶経験のない者にも焼き物が身近になり、その魅力が伝わってくる。

●主な目次

■第一章・基礎知識…はじめに／絵付について／釉薬について／作品紹介／成形の基本工程　**■第二章・染付の技法**…染付について／染付の下絵の具〈呉須〉について／染付の絵付道具／絵付の実際／施釉から焼成まで／染付の文様／染付参考下絵／染付作品の鑑賞／実技の解説　**■第三章・織部の技法**…織部について／原画について／絵付の実際／施釉から焼成まで／織部の伝統模様／実技の解説　**■第四章・赤絵の技法**…本焼成による赤絵／色絵の具の調整／実技の解説

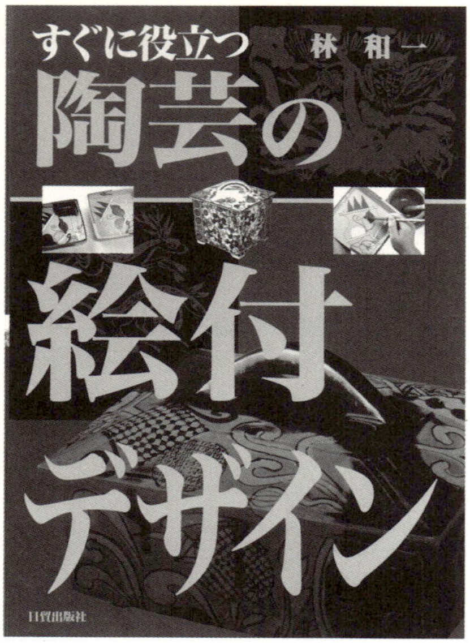

すぐに役立つ陶芸の絵付デザイン

B5・一六五頁　本体二、三〇〇円

絵付の基礎、筆遣いと関連技法などの解説に加え、筆描きで90頁にわたって120点の実際的なデザインと参考図150点を大きな図版で掲げた。そのまま使ったり応用がきく。染付・織部・赤絵作例での実技や、材料店案内も。

●主な目次

■第一章・絵付の知識…はじめに／装飾技法の施行と方法／下絵付の絵付顔料／筆について／絵付の特性　**■第二章・下絵について**…絵付と下絵／下絵の考え方／絵付技法の方法と特徴／裏絵付について／染付の下絵と完成作品／描画の順序について　**■第三章・文様のいろいろ**…鉢文様／丸形文様／幾何・抽象文様／縁文様／織部焼と志野焼の文様　**■第四章・参考絵画・図案**…植物・花／動物・魚・鳥・昆虫／干支／人物／風景ほか　**■第五章・実技の解説**…染付の実技／織部の実技／赤絵の実技